JN030000

藤原正明
Masaaki Fujiwara

収益性と相続税対策を両立する土地活用の成功法則

CROSSMEDIA PUBLISHING

🏠¥ はじめに

　2013年に私が設立した大和財託（以下、当社）は、2018年より土地活用事業を開始しました。きっかけとなったのは、土地オーナーが土地活用で失敗している事例を数多く見聞きし、「もったいない」という思いを抱いたことです。

　当社は創業以来、中小企業の経営者、医師、高年収の会社員といった富裕層を中心に資産運用のサポートを行ってきました。具体的には、新築・中古の一棟収益不動産を提供することで、全顧客が本業以外の収益を得ることと税金対策を実現してきました。彼らのほとんどが土地を持っていないにもかかわらず、全員が当社の資産運用サポートに満足しています。

　翻って、資産運用において大きなアドバンテージとなる土地をお持ちのみなさんはどうでしょうか。非常に残念なことながら、税金対策と収益性の確保を両立させた土地活用を実現している人は、控えめに言って、あまり多くいらっしゃいません。

「もったいない」の一言です。

　では、なぜ従来の土地活用事業者の提案による土地活用は、うまくいかないのでしょうか。私なりに分析してみました。すると、いくつか理由が浮かび上がってきました。代表的なものを列挙してみます。

・そもそも土地活用に向いていない土地で、無理をしてアパート・マンションを建ててしまっている
・相続税対策ありきで、収益性を無視した建築・運用プランである
・土地活用事業者が言う30年一括借上家賃保証（サブリース）を信じてしまった
・従来の土地活用事業者は、建築を請け負うことでしか利益を出せないビジネスモデルのため、オーナーに無理のある建築を促してしまう構造的問題がある

　こうした背景もあり、土地オーナーのなかには、土地活用をしたことによって、返済に苦しみ、貯蓄を切り崩さざるを得なかったり、挙句の果てには土地を失ったりしています。実際、当社のもとにも、そうした物件を買い取ってほしいという相談が定期的にやってきます。

　はっきりと申し上げます。土地オーナーは、これからも土地を次世代に引き継いでいくために、次の2つのことにこだわるべきです。

・相続税対策
・収益性の確保

　この両方を実現しなくては、「土地を失う」という最悪の事態になりかねません。しかも、人口減少時代に入った日本ですから、その確率はこれから上がっていく一方です。
　百歩譲って、現預金が潤沢にあり、高額な借入金をいつでも一括返済できるくらい余裕がある人であれば、収益性のない土地活用

でもいいのかもしれません。ただ、そういった恵まれた人は、いったいどれほどいるでしょうか。

　みなさんが土地活用をする目的は何でしょうか。

　多くの方にとって最大の目的は、先祖代々引き継いできた土地を守り、親が築いた財産を子や孫にバトンタッチすることかと思います。

　そうであるならば、相続税対策と収益性の確保の両方を実現した方法を実践していくべきです。

　その具体的な方法や考え方、原理原則をお伝えすべく、本書を上梓いたしました。

収益性と相続税対策を両立する土地活用の成功法則　目次

第1章
なぜ土地オーナーの土地活用は
うまくいかないのか

第**2**章

土地オーナーが知っておきたい、相続税のポイント

第3章
不動産投資のノウハウを活用して、土地活用を成功させる

第**4**章
賃貸管理を成功させるには、サブリースに頼ってはいけない

第 **5** 章

土地活用の成功を
実現するために

第**6**章

事例から学ぶ
「相続税対策と収益性の両立」

第 1 章

なぜ土地オーナーの土地活用はうまくいかないのか

増税により苦しむ土地オーナーたち

2015年1月1日、税制改正により相続税が増税となりました。この増税の最大のポイントは、基礎控除額が下げられたことです。詳しくは第2章で説明しますが、従来は「5,000万円＋（1,000万円×法定相続人の数）」だった基礎控除額が、「3,000万円＋（600万円×法定相続人の数）」となりました。これによって相続税の課税対象者が増えたのです。

　実際、国税庁が発表した「平成30年分相続税の申告事績の概要」によると相続税が課税された人の割合は、2014年の約4.4％から2018年には約8.5％と倍増しています。ちなみに2015年は8.0％、2016年は8.1％、2017年は8.3％ですので、明らかに2015年の税制改正がターニングポイントになっていることがうかがえます。

　納税額に影響のある税率についても増額となっています。相続税は所得税と同様に累進課税制度が採用されていますが、改正前には50％だった最高税率が、改正後には55％に引き上げられています。また、税率が細分化されたことで、増額の対象になるケースもあります。

　さらに2010年代に入って、相続税額にかかわる地価（相続税路線価）が、上昇してきています。特に都市圏ではその傾向が顕著です。

　すなわち、相続税に頭を悩ませる方が、広い土地を持つ限られた大地主から、都市部で一般的な戸建て住宅を持つ方まで対象が

広がっているということです。

　実際、2015年以来、当社にご相談いただいている方のほとんどが、こうした都市部に数十坪〜数百坪の土地を持つオーナーとそのご子息です。

　大地主にしても、新たに課税対象に入るようになった土地オーナーにしても、異口同音に仰っているのは、「相続税を支払うほどのお金はないが、土地は失いたくない。これからも守っていきたい」ということです。

　土地というのは、先祖代々受け継がれてきたものや、"一生に一度の買い物"である自宅として購入したものであることが大半です。ですから、「守りたい」のは当然です。そのような思いを持つ土地オーナーが、増税によって苦しんでいるのです。

賃貸住宅建築による相続税対策が増えた理由

土地活用マーケットの常識を作ってきたのは、土地活用事業者である大手ハウスメーカーやアパートビルダーです。2008年（平成20年）まで続いた人口増加や生活スタイルの変化に伴う核家族化によって、日本における賃貸住宅の需要は増えてきました。それに合わせる形で、先の事業者が「土地活用＝建てる」という市場を作ってきたわけです。

その結果、多くの土地オーナーは、相続税対策に「建てるという方法以外ない」と考えるようになりました。別の言い方をすれば、建てることが目的となってしまっているのです。

確かに、アパートやマンションを建てることは相続税対策につながります。しかし、そこに収益性が伴っていないケースが散見されます。賃貸需要がないところに無理に建築したり、そもそも収益性を無視した賃貸住宅が量産されているのです。収益性が考慮されていない、もしくは軽視されてしまっている理由は、ほかでもなく相続税対策のみに着目しているからです。そういったアパートやマンションを建ててしまった土地オーナーあるいはその相続人は、将来の返済に苦しむことになります。

国土交通省が発表している「住宅着工統計」を見てみましょう。次にあげた図の通り、貸家住宅着工数は、日本が人口減少社会に入る平成20年ごろまで比較的安定していました。

しかし、2009年（平成21年）から2014年（平成26年）にかけては

図表1　国土交通省「住宅着工統計」の貸家住宅着工数の推移

（時系列・新設住宅）

年	戸数	年	戸数
平成10年	457,003 戸	平成21年	321,470 戸
平成11年	424,250 戸	平成22年	298,014 戸
平成12年	421,332 戸	平成23年	285,832 戸
平成13年	438,312 戸	平成24年	318,521 戸
平成14年	450,092 戸	平成25年	356,263 戸
平成15年	451,629 戸	平成26年	362,191 戸
平成16年	464,976 戸	平成27年	378,718 戸
平成17年	504,294 戸	平成28年	418,543 戸
平成18年	543,463 戸	平成29年	419,397 戸
平成19年	441,733 戸	平成30年	396,404 戸
平成20年	464,851 戸	令和元年	342,289 戸

出典：国土交通省 建築着工統計調査報告

低迷が続きます。景気の減速ということもあるでしょうが、賃貸需要に即した変化と捉えられます。すなわち2008年（平成20年）に日本が人口減少社会に入ったためです。

　注目してほしいのは、2015年（平成27年）と2016年（平成28年）です。この時期に貸家住宅着工数は盛り返しを見せています。これは、前項で書いた相続税の増税が関連しています。

　増税に苦しむ土地オーナーが増えていることをビジネスチャンスと捉え、大手ハウスメーカーやアパートビルダーが営業攻勢をかけたのです。

　この営業攻勢における問題点は2つありました。1つは必要以上にお金をかけた建物を建築するというプランであったこと。もう1つは賃貸需要がない地域であるにもかかわらず、建てるという方法を提案したことです。

土地オーナーのみなさんは、なかなかこうした問題点に気づけません。なぜなら1日50軒以上の飛び込み営業をいとわない百戦錬磨の営業担当が、言葉巧みに「相続税対策になる」「不労収入が楽に手に入る」というセールスポイントを強調するからです。

　また、2015年に新たに相続税の課税対象者になった土地オーナーは、特に営業トークに免疫がありません。ですから、"建てる"ことで利益をあげている企業の言葉に踊らされ、賃貸市場の需要を無視した立派な賃貸住宅が各地で建築されていったわけです。

着工数が増えた背景には 金融機関の後押しもあった

賃貸需要を無視した賃貸住宅が建築されてきた背景には、実はアパートやマンションを建てる際に必要なお金を融資する金融機関側の事情もありました。

　まず見ていただきたいのは、次ページの日本銀行が発表している「預金・貸金関連統計」（図表2）です。同統計の不動産業貸出比率を見てみると、不動産投資の加熱ぶりが伝わってきます。

　不動産向けの融資残高は、2015年末から4年連続で過去最高を更新し続けました。アベノミクスの異次元の金融緩和政策によって、不動産投資市場にお金が流れ込んだことが見て取れます。

　周知の通り、金融機関はお金を貸し付けないことには利益を得られません。しかし、企業が設備投資などをする機会は少ないため、資金ニーズは低迷していました。特に地方はどこも経済が逼迫しています。

　そんなとき金融機関が着目したのが、土地オーナーへの賃貸住宅建築資金融資でした。金融機関は1案件あたりの借入金額が大きいことや、建物のみではなく土地も担保に取れるため、資金が回収できないリスクを低減できることから、積極的に賃貸住宅建築資金への融資を行ったのです。

　たとえば1億円の価値を持つ土地があり、そのうえに1億円のマンションを建てるといった場合、金融機関は建物建築のための1億円を全額融資（フルローン）することに躊躇しません。なぜなら

図表2　「預金・貸金関連統計」不動産業貸出比率の推移

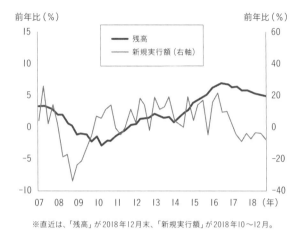

※直近は、「残高」が2018年12月末、「新規実行額」が2018年10〜12月。

資料：日本銀行

賃貸経営がうまくいかず、返済が滞ったとしても、担保で取った土地と建物を競売などで処分すれば、損をすることはないからです。

　相続税増税という税制の変化と新しい貸出先を探していた各金融機関の思惑が重なった結果、賃貸住宅の収益力の多寡に関係なく、土地さえあれば金融機関はお金を貸すという状況が生まれました。

　土地オーナーのなかには、「銀行が融資してくれるなら、このプランは大丈夫だろう」と大手ハウスメーカーやアパートビルダーの提案を真に受けた人もいるかもしれませんが、土地があるにもかかわらず"収益が出ない"というプランに対しても、融資が通っていることに、注意しなければなりません。

近年明らかになってきた、不動産業界の歪み

繰り返しになりますが、日本は人口減少社会に入っています。国連の「2019 Revision of World Population Prospects」によれば、おおよそ日本の人口は2030年には1億2,076万人、2060年には9,833万人、2100年には7,496万人になるとの見通しが発表されています。また、国立社会保障・人口問題研究所が2017年に公表した「日本の将来推計人口」（図表3）でも、2053年には1億人を割り、2065年には8808万人になるとしています。同発表では、出生数が現状のまま低位であれば、2049年には1億人を割るとされています。

　加えて、出生率も低迷を続けています。国はさまざまな出生率をあげる政策を打ち出していますが、2018年は1.42にとどまっています。過去最低を記録した2005年の1.26よりは改善していますが、人口数の維持に必須だとされる2.07には遠く及びません。そもそも、現在、政府が掲げる出生率の目標値は1.8です。もはや国は、人口が増えることを目指しておらず、いかに減少率を抑えるかというフェーズに入っているのです。

　こうした社会状況にもかかわらず、不動産業界や建築業界、それも先にあげたような大手ハウスメーカーやアパートビルダーは、ある一定の数を建築しなければ企業として立ち行かなくなるため、需要に関係なく賃貸物件を新たに作り続けています。正確には、土

図表3　日本の将来推計人口

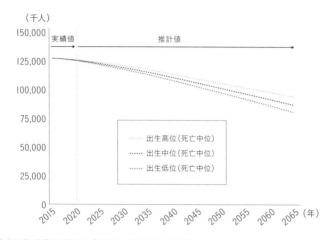

各年10月1日現在の総人口（日本における外国人を含む）
平成27年は総務省統計局『平成27年国勢調査 年齢・国籍不詳をあん分した人口（参考表）』による

国立社会保障・人口問題研究所「日本の将来推計人口（平成29年推計）」より

地オーナーや土地を持たない不動産投資家に対して、なりふり構わず土地にアパートやマンションを建てることを強く推奨し続けているのです。

　その結果、昨今の報道で散見されるような不動産・建築業界の「歪み」が複数現れています。

　1つは不良施工問題です。代表例が某アパートビルダーです。監督官庁である国土交通省からの指摘を受け、第三者委員会が全国にあるアパートを全棟調査した結果、7割を超える建物で不備が見つかったそうです。

　上場もしているとあるハウスメーカーでも、近年、建築基準法に適合していない物件が数千規模で見つかり、大きな問題になりました。

「大手だから安心」と考えてアパートやマンションを建築した人も少なくないと思いますが、「大手ならリスクがなく安心」と言い切ることがいかに危険であるかを端的に表しています。

　また、土地オーナーのみなさんが直接関係するわけではありませんが、女性向けシェアハウスをフルローンで買えると謳いサラリーマンなどへ販売していたベンチャー企業が、2018年に破産しました。信用力のないサラリーマンにも、収益不動産向け融資を積極的に行っていた某地方銀行も関係しています。同問題は、不正融資問題としても大々的に報道されたので、ご存知の方も多いでしょう。

　同じく、東証一部にも上場している比較的歴史の浅い建設会社も、顧客の融資を通しやすくするために、書類の改ざんを違法的に行っていたと指摘され、業務停止命令を受ける事態になりました。

　さらに、投資用区分マンションを販売していたいくつかの不動産業者は「フラット35」という住宅金融支援機構による自宅向け住宅ローンを、不動産投資目的で不正利用していたとして、2019年に問題視されました。業者は「自己資金なしで投資が可能」と謳い、新築・中古ワンルームマンションなどを割高な価格で販売していたそうです。これは融資契約違反です。

　このように、収益不動産に関連する不動産業界・建築業界の問題には、枚挙に暇がありませんが、その根底にあるのは、顧客利益を無視した営業攻勢とコンプライアンス軽視です。その歪みが、ここ数年で一気に露見してきているのです。

アパート・マンションは建てて終わりではない

アパート・マンションを建築さえしてしまえば、後は自然と家賃が入ってきて、滞りなく返済が済んでいく、と考えている土地オーナーの方々がたくさんいます。

ある意味では、それも仕方ない部分もあります。これまで見てきたように、土地オーナーに対して営業攻勢をかけてきた大手ハウスメーカーやアパートビルダーの営業担当者は、「建物さえ建てれば、後は何も考えなくてよい」と錯覚するようなセールスを行ってきたからです。

土地オーナーのみなさんとしても、相続税対策という目先の目的があるため、この点を深く追求することなく、建築プランを進めていったのです。

当然のことながら、アパートもマンションも、建てたら終わりではありません。ざっと考えても、「入居する人を探す」「不具合が出た設備を直す」「建物のメンテナンスをする」「退去者が出た部屋のクリーニングやリフォームを行う」「家賃を回収する」といったことが必要です。一般に、これらのことを賃貸管理と言います。

もちろん、こうしたやるべき賃貸管理業務の一部、もしくはすべてを、別の誰かに依頼する（アウトソーシング）することは可能です。

しかし、"外部委託できること"と"何もしなくとも自然にお金が入ってくること"は、まったく別の話です。

つまり、あらゆるビジネスと同じように、賃貸経営にもリスクが

存在するということです。残念ながら、賃貸経営のリスクをきちんと網羅的に理解しているという土地オーナーの方は多くありません。これから土地活用について検討している人、不動産投資に興味を持ち始めた人は、ぜひ知っておくべきです。

アパート・マンションを建てた後に考慮しなければいけない代表的なリスクは、以下の通りです。

図表4　賃貸経営につきまとうさまざまなリスク

空室リスク	家賃下落リスク	修繕リスク	家賃滞納リスク
金利上昇リスク	罹災リスク	事故リスク	訴訟リスク

これらのリスクへの対応について、ここでは簡単に言葉の説明をしていきます。

「空室リスク」は、空室が出ることによって、賃料が入ってこなくなるリスクです。

「家賃下落リスク」は、建物の経年劣化や周辺環境の変化によって、家賃が下落していくリスクです。

「修繕リスク」は、入居者の入れ替え時などに発生する原状回復費と、建物全体のメンテナンスにかかわる大規模修繕費です。

「家賃滞納リスク」は入居者が何らかの理由で家賃を滞納するリスクです。

「金利上昇リスク」は、現金一括で建物を建築して賃貸経営を行う場合を除き、金融機関から融資を受ける場合に発生するリスクです。変動金利を選んだ場合には、金利が上昇して、毎月の返済額が増えるという可能性があります。

「罹災リスク」は地震、火災、台風、水害といった災害に遭うリスクです。

　そのほかにも、入居者が室内で死亡するという「事故リスク」もありますし、建物の壁が剥がれ落ち、通行人に後遺症の残る怪我を負わせてしまったといった「訴訟リスク」もあります。

近い将来、危機に陥るオーナーが激増する可能性がある

サブリース契約での問題も浮かび上がってきています。サブリースとは、マンションやアパートを不動産会社や建設会社が一括で借り上げ、貸主（転貸人）として第三者へ転貸する制度のことです。

不動産会社や建築会社などの（サブリース）事業者は、先ほど言及したような賃貸経営にかかる面倒な管理業務を請け負う代わりに、入居者から入ってくる賃料の80〜90％をオーナーに支払うというのが一般的です。

土地オーナーのみなさんからすれば、面倒なことをせずに毎月安定した賃料収入が保証されるということで、サブリース契約を選ぶ方が少なくありません。

しかし、サブリース契約には「賃料の見直し」という規定が入っています。ですから、多くの場合、2年ごとにサブリース事業者側から借上賃料の減額交渉ができるようになっています（一定の期間賃料の見直しができないようになっている場合もあります）。

公益財団法人日本住宅総合センターの「民間賃貸住宅の供給実態調査」によれば、築10年以上経過したサブリースの物件オーナーは、7割以上が「借上賃料の減額」を経験しているとしています。

借上賃料の減額を経験していなくとも、修繕費や原状回復費用、そのほか付帯費用などで、サブリース事業者から高額な費用を請

図表5　サブリースの仕組み

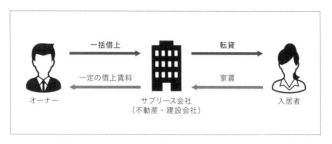

一括借上

転貸

一定の借上賃料

家賃

オーナー

サブリース会社
（不動産・建設会社）

入居者

サブリース会社が物件を満室家賃の80〜90%程度で
オーナー様から一括で借り上げることで家賃収入を保証する

求されるということも珍しくありません。

　こうしたサブリースの問題は、大手の不動産業者・建設会社で
もたびたび問題としてテレビや新聞などのメディアに取りあげら
れています。

　すでに書いた通り、2015年の相続税増税に際して、大手ハウス
メーカーやアパートビルダーは一斉に土地オーナーに対して営業
攻勢をかけました。このとき、多くの方がサブリース契約を結んで
いるのです。

　それから5年を経て、土地オーナーに対して"種明かし"を始め
る頃合いになってきました。

　それは、たとえば月100万円での家賃保証をしていたオーナー
に対して「家賃相場が下がってきたので、月80万円にしてくださ
い」と手のひらを返したように、交渉してくるのです。

　当然、ほとんどのオーナーは金融機関から借り入れをしている
ので、支払いが難しくなっていきます。今後、築年数の経過ととも
に、さらなる借上賃料の減額が進めば、月々のローンが返済でき
ない人が続出することが予想されます。その結果、「土地を手放さ

なければならなくなる」という事態に陥ってしまう方も増えるでしょう。

　実際、すでに当社に寄せられる任意売却の相談も増加しています。「ローンが払えないので、土地と建物を手放したい」という相談です。

「土地を守るための相続税対策でアパート・マンションを建てたつもりが、結果的に土地を失ってしまった」という結末を迎える人が、現実問題として存在するということです。

　なお、国土交通省の調べでは、サブリースの「賃料減額リスク」や「修繕工事費用がかかる」といったことについて、説明を受けたと答えているオーナーは約6割だったそうです。つまり4割の人が説明を受けていないのです。私の肌感覚では、説明を受けたうえできちんとその内容を理解できた人は、半分にも満たないのではないでしょうか。

人口減少社会のなかで、賃貸経営を成功させるには

相続税対策としてアパート・マンションを建てると同時に、賃貸経営が始まります。賃貸経営を永続させ土地を守っていくためには、きちんと収益をあげていくこと、キャッシュフロー（家賃収入からあらゆる支払い経費を差し引いた手元に残るお金）を出すことが欠かせません。平易な言葉でいえば、しっかり儲けるという観点が重要なのです。

それにもかかわらず、大手ハウスメーカーやアパートビルダーが「相続税対策なのだから、利益を出す必要はない」「儲けてはいけない」というセールスを行うケースが多いため、「収益性は重要ではない」と考えてしまう土地オーナーが後を絶ちません。

では、収益をあげていくには、どうしたらいいのでしょうか。賃貸経営を成功させるために必要なことは何でしょうか。

先ほど書いたリスクを織り込んだうえで、どう計画を立てるかが重要です。端的に言えば、**「土地活用の成否は初期設定で9割決まる」**のです。

初期設定とは、すなわち「賃貸住宅の需給バランス」「間取り」「賃料相場」「事業収支（利回りや建築費用など）」「融資条件」の5つです。

人口が減少するといっても、賃貸住宅がまったく不要になるわけではありません。ですから今後も、きちんと賃貸需要が見込めるエリアに、適切な価格のものを、適切な融資（金利・期間）を受けて賃貸経営を行うことによって、収益を確保し続けることは可能で

図表6 コンパクトシティ

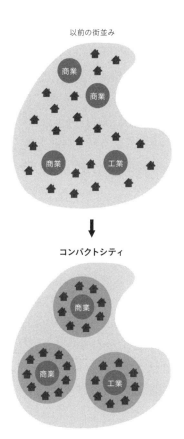

以前の街並み

コンパクトシティ

今までは市域が広域にわたりインフラも広域に提供する必要があった。
コンパクトシティ化が進み人間が住むところが限定されれば
インフラも狭域で提供すればよくなる。

す。先で「人口減少時代に入った」と散々警鐘を鳴らしながら、こう言うと矛盾しているように聞こえるかもしれませんが、そうではありません。

　人口減少のフェーズに入ったからこそ、中長期的に賃貸需要が見込めるエリアの見定めが重要になるわけです。

　たとえば、コンパクトシティ化が加速することが予測されています。国土交通省は、2015年にリリースした「コンパクトシティの形成について」のなかで、「限られた資源の集中的・効率的な利用で持続可能な都市・社会を実現」するとしています。

　すなわち、コンパクトシティ化とは、市街地を無計画に拡大させるのではなく、居住地を中心部にまとめていくことで、さまざまな無駄を省こうというものです。

　もちろん、こうした方針が計画通りに進むかどうかはわかりません。でも、何もせずに傍観しているよりは、今の段階で将来予測をしていくほうがよいに決まっています。

　ただし、賃貸住宅の需給バランスが良いエリアであっても、利回りが悪ければ収益にはつながりません。利回りとは、ざっくり言えば分子が家賃で、分母が総建築費ですから、需給バランスを見極めた後には、建築費の妥当性がポイントになるわけです。

　この建築費に関する判断は、事業計画を作ることによって見えてきますので、第3章で後述します。

数ある土地活用の選択肢から、ベストな手法を選ぶ

人口減少時代の賃貸経営で重要なのは、需要の見極めであると先ほど書きました。すると、賃貸需要のない土地オーナーは、土地活用の方法がない、すなわち収益性と相続税対策を両立させる方法はないと落胆してしまったかもしれません。

しかし、実はそうとも言い切れません。というのも、「自分の土地に賃貸アパートやマンションを建てる」という方法以外にも、収益性と相続税対策を両立させる方法があるからです。

それは、自分の土地を共同担保にして、新たにほかのエリアの土地付きアパート・マンションを購入し、賃貸経営をするという方法です。

もちろん、その場合もどんな物件でもいいというわけではありません。

人口が一定以上担保できて、20〜30年の賃貸経営に耐えうるエリアが基本です。関東だと1都3県（東京、埼玉、千葉、神奈川）で、時間距離にすると、都心部から1.5時間圏内です。その範囲のなかでも、賃貸物件の激戦区は多数ありますので、供給過多になっていないエリアを狙っていくのです。関西でいえば京阪神エリアですが、時間距離でいえば都心部から30分圏内となります。

たとえば、上記以外の場所に土地を持つ方がいたとします。その方が土地活用をしたい場合に、当社においては建てるというご提案よりも、その土地を担保にして、今挙げたような賃貸需要のあるエリアに、土地付きのアパート・マンションを購入する（あるいは

建てる）という提案をします。

　今でも土地は、地方であっても一定の担保価値があります。それを共同担保に入れて、金融機関からお金を借りれば、好条件での融資を引けます。たとえ現金があまりない土地オーナーの方でも、この方法であれば収益性と相続税対策を両立させる賃貸経営ができるのです。

　このように、「土地活用は、その土地がどういったエリアにあるのかによって、最適な方法は変わる」ということをぜひ覚えておいてください。

　土地オーナーは、ハウスメーカーやアパートビルダーによる古典的な営業を受けたり、親戚やご近所、あるいは地元で付き合いのある金融機関や組合から、賃貸経営に関する話が耳に入ってくるため、「建てる」ということしか方法がないと思い込んでいるケースが少なくありません。

　ぜひ、「相続税を支払いたくないが、土地も失いたくない、そして収益も得たい」という土地オーナーやそのご家族のみなさんは、本書で土地活用の原則を学びながら、ご自身の土地に最適な賃貸経営の方法を考えるようにしてください。

　そうすれば、自分たちの大切な土地を守っていくことと、賃貸経営によって収益をあげることを両立させる道が見えてくるでしょう。

　そして、その道を進んだ先に、土地オーナーやそのご家族のみなさんの幸せが待っているのです。

賃貸住宅以外の土地活用の
メリット・デメリットについて

　土地活用と聞いて、みなさんは何を思い浮かべるでしょうか。賃貸住宅の建築は最もポピュラーな土地活用ですが、それ以外にもさまざまなものがあります。

　駐車場（時間貸し、月極）、介護施設（デイサービス、サービス付き高齢者向け住宅、グループホーム）、医療施設（クリニック、クリニックモール）、事務所・店舗（オフィス、ビルイン店舗、郊外型店舗）、工場・物流施設（工場、倉庫、物流センター）などが、お持ちの土地の特徴によっては、選択肢に入る可能性があるものです。

　このなかで、現実的にみなさんの視野に入るものの1つは、投資が少なくて済む駐車場でしょう。駐車場事業者が一括で借り上げる場合は土地オーナーの持ち出しはほぼゼロですし、そうでなくとも200万、300万という投資で済む場合も少なくないでしょう。たとえば1億円の借金をして年300万円のキャッシュフローがある賃貸経営と、借金がなくて年100万円のキャッシュフローがある駐車場であれば、後者を選ぶ人がいるかもしれません。収益性がやや下がろうとも、借金が少ないほうがいいという気持ちは理解できます。

　ただ、相続税対策を考えた場合、相続税評価額の評

価減による納税額の圧縮が賃貸経営に比べてほとんどできません。ですから、相続税対策と収益性の確保の両方を実現したいと考える読者には、基本的にあまりお勧めできません。

　また、立地や面積によっては、ロードサイド店舗とも呼ばれる郊外型店舗やサービス付き高齢者向け住宅も選択肢に入ります。前者は幹線道路沿いや車社会のエリアなどで向いていると言えます。

「サ高住」とも呼ばれる後者は、高齢者が安心して暮らせるようにバリアフリー構造を持ち、介護・医療と連携したサービスも提供する住宅です。行政による補助金や税制優遇をうまく利用することで、賃貸住宅に遜色ない土地活用が可能です。とはいえ注意点もあります。それは建築プランを立てる段階で、優良な運営事業者を選定することが欠かせない点です。運営事業者への一棟（一括）貸しが基本となるので、下手な運営事業者を相手に選ぶと、事業撤退ということもありえます。サ高住が不足していた少し前まではよかったのですが、今はやや乱立気味なので、きちんとパートナーを選ぶようにしてください。

　サ高住とは別に、障害者向けグループホームも、行政から利用者に対して補助が出るという意味で、土地活用の選択肢に入る場合もあります。行政の公募・調査が必要となりますので、地域によって極端に足りていないエリアに土地をお持ちの場合は、一考の余地があります。

図表7 土地活用の建物種類

事業計画分類・比較一覧

開発用途	具体的施設	特徴
駐車場	時間貸し	・投下資本が少ない ・次期計画に取りかかりやすいことから、暫定的活用法と考えられる ・税法上の効果は希薄
	月極	
賃貸住宅	低層賃貸住宅	・長期的に安定した入居者の確保ができるが、ニーズを捉えた企画が重要 ・税法上の効果が大きい ・個人管理では煩わしさあり
	中高層賃貸住宅	
	戸建貸家	
介護施設	通所介護施設（デイサービス）	・高齢化社会で需要は見込める ・医療法人とのバッティング回避が必要 ・立地条件にかなりの制限あり
	サービス付き高齢者向け住宅	
	グループホーム	
医療施設	単独クリニック	・高齢化社会で需要は見込める ・立地条件とテナントの確保に制限あり
	クリニックモール	
	総合病院	
事務所・店舗	オフィス	・出店者があれば高収益も見込めるが、ターゲットは限定的 ・安定性はテナントの資質によるところが大きい ・空室リスクを軽減するためにはテナントの選別が重要 ・駐車場確保が条件となる可能性が高い
	ビルイン店舗	
	郊外型店舗	
工場・物流施設	工場	・大規模開発に適している ・比較的、規制を受けにくい ・交通アクセス、地理的条件あり
	倉庫	
	物流センター	

第 2 章

土地オーナーが知っておきたい、相続税のポイント

相続財産の約4割を不動産が占めている

国税庁による平成30年分の相続税の申告事績によれば、相続財産の総金額のうち、土地が占める割合は35.1％です。この数字に家屋の割合（5.3％）を加えた不動産として見たときには、その割合は4割を超えます。

現金・預貯金は32.3％、国債や株式などの有価証券は16％ですので、相続財産のなかで土地の比重が大きいことがよくわかります。

相続財産のうち、土地や建物といった不動産が占める割合は4割ですが、実際の市場価格として考えたときには、もっと大きな数字になります。具体的には6〜7割にのぼるでしょう。

というのも、現金や株式などの流動資産と呼ばれる資産は市場価格と相続税評価額が等価とみなされます。一方、土地や建物は市場価格と相続税評価額が同じではないからです。

詳しくは後ほど見ていきますが、「1億円の市場価格を持つ不動産が、相続税評価額の評価減の措置を受け、5,000万円としてみなされる」ということが珍しくありません。

図表8　相続財産の金額構成比の推移

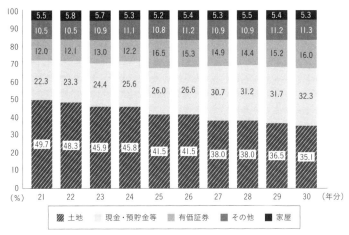

※上記の計数は、相続税額のある申告書（修正申告書を除く）データに基づき作成している。

出典：国税庁「平成30年分相続税の申告事績の概要」

2015年からの相続税増税で何が変わったか

前ページのグラフを見てわかる通り、2009年以降、相続財産における土地が占める割合は小さくなっていますが、土地オーナーにとってそれは安心材料にはなりません。割合ではなく、その金額が重要だからです。

右の図表9の数字を見てください。

土地の相続財産の金額は上昇しているのがわかります。すなわち、有価証券や現金・預貯金の金額が大きく伸びたことによって、土地の割合が相対的に下がっているだけです。

そのなかで、特に注目してほしいのが、2014年（平成26年）と2015年（平成27年）の差です。ここで大きく土地の相続財産の金額が上昇しています。その理由は、相続税が改正されたためです。

実際、被相続人全体に対する課税対象の割合は、2014年までは4％台でしたが、2015年以降は8％台を上回る水準で移行しています。これは相続税の申告者が、2倍近くにも膨れ上がったことを意味します。

では、2015年の相続税改正によって、新たに課税対象となったのは、どういった人なのでしょうか。それは、第1章にも書いたように、基礎控除額の引き下げによって、これまでは相続と関係のなかった方々です。

ここで、相続税増税によって、課税対象となる人が増えたことを示したいと思います。

図表9　相続財産の金額の推移

（単位：億円）

項目 年分	土地	家屋	有価証券	現金・ 預貯金等	その他	合計
平成21年	54,938	6,059	13,307	24,682	11,606	110,593
平成22年	55,332	6,591	13,889	26,670	12,071	114,555
平成23年	53,781	6,716	15,209	28,531	12,806	117,043
平成24年	53,699	6,232	14,351	29,988	12,978	117,248
平成25年	52,073	6,494	20,676	32,548	13,536	125,326
平成26年	51,469	6,732	18,966	33,054	13,865	124,086
平成27年	59,400	8,343	23,368	47,996	17,256	156,362
平成28年	60,359	8,716	22,817	49,426	17,345	158,663
平成29年	60,960	9,040	25,404	52,836	18,688	166,928
平成30年	60,818	9,147	27,733	55,890	19,591	173,179

※上記の計数は、相続税額のある申告書（修正申告書を除く）データに基づき作成している。

出典：国税庁「平成30年分相続税の申告事績の概要」

相続税増税による変化

● 基礎控除の引き下げ

・2014年12月31日まで

　5,000万円＋（1,000万円×法定相続人の数）

・2015年1月1日以降

　3,000万円＋（600万円×法定相続人の数）

　たとえば、子2人で7,000万円の相続財産を相続する場合、2014年までは基礎控除額が

 5,000万円＋（1,000万円×2）＝7,000万円

となるので、課税される相続財産はゼロでした。しかし2015年以降は

 3,000万円＋（600万円×2）＝4,200万円

となるので、2,800万円分（7,000−4,200）課税対象となります。右の相続税の速算表をもとに1人1,400万円として計算をしてみると、

 1,400万円×15％−50万円＝160万円

相続税額は2人で320万円になります。

今回の相続税増税によって、「都心部かそれに近いエリアで、戸建てを持っている」というだけで、相続税を払う対象になったのです。

ただし土地における相続財産には、評価減に関する特例措置が複数あります。代表例が、自家用（特定居住用宅地）であれば、相続財産の評価減の措置が受けられるというもの。具体的には、土地面積で330㎡までは評価額を80％引きとすることができます（詳細は51ページ「小規模宅地等の特例」参照）。

しかし、土地オーナーは、所有する土地に自宅を建て、そこに住んでいるという方ばかりではないため、先の特定居住用宅地の評価減を使えない場合も多く、その場合は何らかの対策を講じなければ、相続税が重くのしかかるのです。

図表10　相続税の速算表

法定相続分に応ずる取得金額	税率	控除額
1,000万円以下	10%	—
3,000万円以下	15%	50万円
5,000万円以下	20%	200万円
1億円以下	30%	700万円
2億円以下	40%	1,700万円
3億円以下	45%	2,700万円
6億円以下	50%	4,200万円
6億円超	55%	7,200万円

この速算表で計算した法定相続人ごとの税額を合計したものが相続税の総額になります。
なお、平成26年12月31日以前に相続が開始した場合の相続税の税率は上記と異なります。
（相法16、平25改正法附則10）

出典：国税庁

所有している土地の
相続税評価額を把握しよう

相 続税対策をするためには所有する土地の評価額を知らなければなりません。

　注意しなければいけないのは、土地の価格は1つではないことです。土地の価格は大きく分けて5つあります。ここで一度、混同しないよう整理しておきましょう。

①実勢価格

　不動産市場で実際に取引される価格のことを指します。別名、取引価格や市場価格と呼ばれたりします。街の不動産屋さんや不動産サイトなどで掲示されている土地の値段ということもできます。

②公示地価

　国土交通省土地鑑定委員会が地価公示法に基づいて判定し、公示します。毎年1月1日時点における標準地（平成31年は全国26,000地点）の正常な価格を3月に示します。公示地価はほぼ実勢価格と同じということからもわかる通り、一般の土地取引に対する指標としての役割を持ちます。加えて、不動産鑑定、公共事業用地の取得価格算定、土地の相続評価や固定資産税評価、国土利用計画法による土地の価格審査など、さまざまな基準になります。

③基準地価

　各都道府県が毎年9月下旬に発表する、7月1日時点での土地価

格です。国土利用計画法に基づいて、全国2万ヶ所以上の「基準地」を調査対象として評価します。こちらも土地取引の目安となり、公示地価の時点修正の意味合いもあります。

④相続税路線価

先ほどの公示地価の約80％にあたるのが「相続税路線価」です。この相続税路線価は、国税庁が1月1日時点の価格を毎年7月に公表します。路線（道路）に面する標準的な宅地の1㎡あたりの土地評価額であり、相続税路線価が定められている市街地の土地などを評価する場合に用います。相続税や贈与税の課税額は、この相続税路線価が指標となります。相続税の課税額は、「相続税路線価×土地の面積」によって計算することができます。

図表11　「相続税路線価を基とした評価額の計算例」

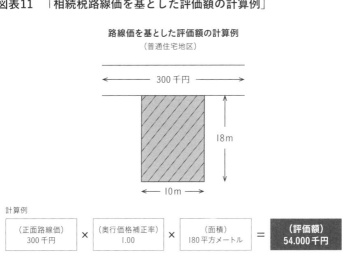

路線価を基とした評価額の計算例
（普通住宅地区）

─ 300 千円 ─

18m

─ 10m ─

計算例

| （正面路線価）
300 千円 | × | （奥行価格補正率）
1.00 | × | （面積）
180平方メートル | = | **（評価額）
54,000 千円** |

出典：国税庁

⑤固定資産税評価額

　これは各市町村によるもので、3年に一度の頻度で公表される1月1日時点の価格になり、固定資産税の計算に用いられるものです。先の地価公示価格の70％が目安とされますが、そのほかに土地が接する道の幅や状況、駅までの距離なども考慮されています。

　また、そのほかにも国土利用計画法に基づく、基準値標準価格（基準地価）と呼ばれる毎年9月に都道府県が公表するものもあります。

　これらのうち、土地オーナーのみなさんに大きく関係するのは、相続税にかかる「相続税路線価」だといえます。相続税路線価は国税庁によるインターネットサイトで、簡単に調べることができますので、一度チェックしてみるといいでしょう。

　相続税路線価を用いることで相続税評価額の目安を計算することができますが、その評価にあたっては、原則的に地目別に区分することになります。さらにその土地の地目や形状によって相続税評価額は補正されます。

　地目別の区分は、不動産登記事務取扱手続準則に則って行うこととされています。具体的には、「宅地」「田」「畑」「山林」「原野」「牧場」「池沼」「鉱泉地」「雑種地」の9つです。

　注意点は、登記されている地目ではなく、現況に準じるということ。ですから、評価単位の判定を行う場合には、現場調査を行ったうえで決めていくことになります。

　これら9つの地目のうち、基本的に本書をお読みのみなさんに関連するのは、「宅地」となります。

「宅地」には4つの相続税評価の方法がある

こ の宅地は、国税庁によれば、「建物の敷地及びその維持若しくは効用を果たすために必要な土地」とされています。

さらにこの宅地は、次のように区分され、その相続税評価の方法が異なります。

「自用地（自宅敷地）」……簡単に言えば、自分で使用している宅地となります。評価額の式は以下の通りです。

●自用地の評価額
相続税路線価×土地面積

「貸家建付地（貸家の敷地）」……貸すことを目的として建てた家屋（アパートやマンション、一戸建てなど）のある土地です。賃貸契約上は、家屋や部屋のみを貸している状態ですが、建物の存在のためには土地を利用する必要があるため、間接的には土地も借りて利用していることになります。そのため、自用地に比べて土地オーナーの利用が制限され、評価額が下がります。貸家建付地の評価額は以下の式で求められます。

●貸家建付地の評価額
相続税路線価×土地面積
×（1－借地権割合×借家権割合×賃貸割合）

なお、もしもその家屋がまったくの空室、あるいは募集活動をしていない場合は、自用地として見なされます。

「貸宅地（底地）」……貸宅地は、その言葉通り貸している土地となります。土地には底地権があります。土地オーナーが土地を誰か（借地人）に貸し、借りた人がその土地を利用することを認める代わりに地代（賃料）や契約更新、借地権の譲渡益の一部などを受け取る権利のことです。貸宅地の評価額は、以下の式で求められます。

●貸宅地の評価額
　相続税路線価×土地面積×（1 − 借地権割合）

「借地権」……貸宅地（底地）と対となる権利です。借地権には、その土地にある建物の所有を目的とする地上権と、その土地を借りる賃借権の2つがあります。借地権の評価額は以下の通りです。

●借地権の評価額
　相続税路線価×土地面積×借地権割合

　なお、大きく分けて借地権には普通借地権と定期借地権があります。

自用地において評価減となる「小規模宅地等の特例」とは？

これらのうち、自用地の相続について最重要なのが、「小規模宅地等の特例」と呼ばれる相続評価減の制度です。

この「小規模宅地等の特例」は、大きく2つの利用区分で考えます。

1つは亡くなられた方、すなわち被相続人等が住んでいた場合の土地、もう1つは被相続人等が事業のために使っていた場合の土地です。

前者は「特定居住用宅地」と呼ばれ、330㎡までの土地について、80%の評価減を受けることができます。たとえば、相続税路線価30万円の330㎡の土地があったとします。

評価額＝30万円／㎡×330㎡＝9,900万円

となりますので、特定居住用宅地の評価減を適用すると、

本来の評価額9,900万円×80%＝7,920万円

7,920万円の評価減となり、本土地の相続税評価額は1,980万円となります。

では、同じ相続税路線価30万円でも、430㎡の広さを持つ土地の場合はどうなるでしょうか。この場合、評価減を受けられるのは330㎡の土地までになります。

相続税評価額＝30万円×430㎡＝1億2,900万円

100㎡については評価減を受けられませんので、
本来の評価額1億2,900万円−（330㎡×30万円／㎡×80％）
＝4,980万円

となり、本土地の相続税評価額は4,980万円となります。

　被相続人等が事業のために使っていた土地は、さらに複数に細分化されますが、土地オーナーのみなさんにとって重要なのは、「貸付事業以外の事業用の宅地等」と「一定の法人に貸し付けられ、その法人の事業用の宅地等」となります。

　「貸付事業以外の事業用の宅地等」は、特定事業用宅地等に該当する宅地等である場合に、400㎡までの土地について、80％の評価減が受けられるということです。もう少しわかりやすく言えば、被相続人が事業を行っており、倉庫や事務所などに利用していた場合、その土地は評価減とするということです。

　「一定の法人に貸し付けられ、その法人の事業用の宅地等」は、特定同族会社事業用宅地等に該当する場合に、400㎡までの土地に

図表12　小規模宅地等の特例により減額される割合

相続開始の直前における宅地等の利用区分			要件	限度面積	減額される割合
被相続人等の事業の用に供されていた宅地等	貸付事業以外の事業用の宅地等		① **特定事業用宅地等**に該当する宅地等	400㎡	80%
	貸付事業用の宅地等	一定の法人に貸し付けられ、その法人の事業（貸付事業を除きます）用の宅地等	② **特定同族会社事業用宅地等**に該当する宅地等	400㎡	80%
			③ **貸付事業用宅地等**に該当する宅地等	200㎡	50%
		一定の法人に貸し付けられ、その法人の貸付事業用の宅地等	④ **貸付事業用宅地等**に該当する宅地等	200㎡	50%
		被相続人等の貸付事業用の宅地等	⑤ **貸付事業用宅地等**に該当する宅地等	200㎡	50%
被相続人等の居住の用に供されていた宅地等			⑥ **特定居住用宅地等**に該当する宅地等	330㎡	80%

特例の適用を選択する宅地等が以下のいずれに該当するかに応じて、限度面積を判定します。

特例の適用を選択する宅地等	限度面積
特定事業用等宅地等（①又は②）及び特定居住用宅地等（⑥）（貸付事業用宅地等がない場合）	（①＋②）≦400㎡ ⑥≦330㎡ 両方を選択する場合は、合計730㎡
貸付事業用宅地等（③、④又は⑤）及びそれ以外の宅地等（①、②又は⑥）（貸付事業用宅地等がある場合）	（①＋②）×200／400＋⑥×200／330＋（③＋④＋⑤）≦200㎡

出典：国税庁

ついて、80％の評価減が受けられるということです。すなわち、被相続人やその親族が役員を務める法人に貸し出していた場合、その土地は評価減とするということです。よくあるのは、個人で持っている土地をその人が経営している会社に貸し出し、建物自体は会社の所有にするパターンです。

　なお、特定同族会社とは、被相続人が亡くなる直前の時点で被相続人とその親族等の持株割合の合計が50％を超える会社を指します。

　もしこの土地で、すでに不動産賃貸業を行っている場合、貸付事業用の宅地となるため、評価減は200㎡までの土地で、50％の評価減になります。

「小規模宅地等の特例」のうち 「特定居住用宅地」として 認められるには？

特定居住用宅地が認められる一般的なケース

　先に記した「特定居住用宅地等」の評価減を受けるためには、適用要件があります。相続するのが被相続人の配偶者である場合には、無条件で評価減となります。

　被相続人の同居親族が土地を相続する場合、相続税の申告期限までその家屋に継続して住むこと、かつその土地を継続所有する必要があります。

　被相続人と生計を一にする別居親族が土地を相続する場合には、被相続人と生計を一にするその別居親族が住んでいる土地であること、さらに相続税の申告期限まで継続して住み続け、かつその土地を継続して所有する必要があります。なお、生計を一にする別居親族とは、被相続人の仕送りで生活していた大学生の子に相続する場合などがあてはまります。

被相続人が相続する家に住んでいないが特例に 該当するケース

　被相続人が住んでいない土地については、特定居住用宅地として認められないかというとそうでもありません。一般に老人ホームと呼ばれるような住宅に移り住んでいた場合には、居住していなくとも特定居住用宅地として認められ、80％の評価減を受けることができます。

この場合、2つの条件があります。

・被相続人が老人ホーム等に住まいを移した後、これまで住んでいた家屋に被相続人等以外の人（同居親族を除く）が住んでいないこと、または事業用として使っていないこと
・被相続人は要介護認定または要支援認定を受けたうえで、有料老人ホームなどの施設に入居・入所していたこと

2018年4月の税制改正で厳格化された「家なき子特例」とは？

　最後に、近年大きな注目を浴びているのが、被相続人に同居親族がおらず、かつ同居していない親族に相続する場合です。これを通称、「家なき子特例」と言います。

　2018年度の税制改正以前は、「被相続人が1人暮らしをしていた家であること」「相続税の申告期限まで保有すること」「宅地を相続開始前3年以内に、日本国内にある自己所有、もしくは配偶者所有の建物に居住したことがない場合」を満たせば、生計が別で同居していなかった家族に相続した場合も、80％評価減の特例措置を受けることができました。

　しかし、この特例措置を受けるために、自宅を親族に売却して賃貸住宅に転居したり、同族法人に売却し社宅として利用するケースなどが頻発しました。すなわち表面上のみ、特例措置の要件を満たすようにする人がいたということです。そのため、2018年4月1日以降は、次の5つの要件を満たさなければならないこととなりました。④と⑤が新たに加わった（あるいは要件が厳しくなった）ものです。

●家なき子特例の要件

①被相続人が居住していた土地を別居親族（制限納税義務者で、か
　つ、日本国籍を有しない者を除く）が相続すること
②被相続人に配偶者がいない
③被相続人には一定の同居親族がいない
④その別居親族は、相続開始前3年以内に日本国内にある自己ま
　たは配偶者、3親等内の親族、一定の法人（持ち分の定めのない
　ものを含む）が所有する家屋に居住したことがない
⑤相続開始時にその別居親族が居住している家屋を過去のいずれ
　の時においても所有していたことがない

貸家建付地（貸家の敷地）に かかわる評価減の仕組み

　これまで見てきたのは、自宅敷地における評価減の制度でしたが、「貸家建付地（貸家の敷地）」も評価減を受けることができます。

　更地で所有している土地、すなわち駐車場や遊休地に賃貸建物を建築することで、相続税評価額を引き下げられることになるという意味です。

　たとえば相続税路線価30万円で300㎡の更地の土地（借地権割合70％）を持っている場合、通常9,000万円の評価額となります。賃貸建物を建築し貸家建付地とすると、満室の場合、以下のような評価減を受けます。

●貸家建付地の評価額
　相続税路線価×土地面積
　　　×（1−借地権割合×借家権割合×賃貸割合）

　30万円／㎡×300㎡×（1−70％×30％×100％）＝7,110万円

　つまり、土地に関して

　9,000万円−7,110万円＝1,890万円

　の評価減を得ることになります。

この計算にも用いた借地権割合は地域別の相続税路線価図に記載されています。国税庁が30～90％の10％刻みで設定していますが、一般的には60～70％で、主要駅や繁華街などの都心部では80～90％と高く設定されます。商業地のように借りたい需要が大きい土地ほど、借地権の価値が高いということになっているのです。

一方、借家権割合というのは全国一律で30％と定められています。繰り返しになりますが、借家権割合とは、建物を借りている人が建物を利用する権利となり、その分を土地オーナーから控除するという意味を持ちます。

また賃貸割合とは、入居率とも言い換えられますが、一般的な入居率は部屋数に対しての数値ですが、ここでの賃貸割合は床面積が使われる点に注意します。

一軒家の貸家であれば考慮する必要はほとんどありませんが、アパートやマンションの場合には、空室が多いと評価額が高くなるということが起きてきます。

たとえば先ほどは満室（100％）で計算しましたが、これが空室率50％ですと、

30万円 × 300㎡ ×（1 － 70％ × 30％ × 50％）＝ 8,055万円

となります。つまり満室の場合に比べて、評価額は1,000万円近く上がってしまうのです。ただし空室期間が短く、一時的な空室で認められる場合などは、賃貸しているとみなされます。基本的には、募集している実態さえあれば認められる、と考えて差し支えありません。

貸家建付地の評価減と自用地における
小規模宅地等の特例の併用

　貸家建付地（貸家の敷地）の評価減と、51ページに出てきた「小規模宅地等の特例」のうち、貸付事業用宅地等に該当する土地の評価減（200㎡を上限として評価額が50％になる）は併用することも可能です。

　ここに関しても、やや複雑な判定方法と計算になりますので、併用できる可能性があることを頭に入れておき、必要に応じて専門家に相談することをお勧めします。

土地だけではなく建物についても相続税評価の評価減がある

これまで書いてきた通り、土地活用で一般的な方法として建物を建てるというのがあり、相続税評価減に役立ちます。

被相続人が以下のような資産を持っていたとしましょう。

現金：1億円
土地：1億円（相続税評価額）

現金1億円の相続税評価額はそのまま1億円になります。ここで、現金1億円で建物を建築したとしましょう。そうすると、この建物の相続税評価額は固定資産税評価額となります。建物の場合には固定資産税評価額が相続税評価額になります。

家屋・建物の固定資産税評価額は、家屋・建築価額の50〜70％程度になることが多く、相続税評価額も現金で持っているよりも格段に低くなるということが言えます。

もちろん築年数に応じてこの家屋・建築価額は減額していきますが、ここでは新築と考え70％で計算してみます。

現金で持っていた場合、「現金1億円＋更地1億円」で相続税評価額は2億円になりますが、「現金1億円で建物を建てた場合、建物7,000万円（1億円×70％）＋土地1億円」なので、相続税評価額は1億7,000万円になります。つまり3,000万円の評価減となります。

加えて、この1億円の建物を貸家として他人に貸すと、土地も建

物もさらに評価減となります。

土地は貸家建付地となりますので、「1億円×(1−借地権割合×借家権割合×賃貸割合)」になります。ここまで見てきたように、借家権割合は30%です。借地権割合を仮に70%、賃貸割合は100%とします。計算すると、

 土地相続税評価額
1億円×(1 − 30% × 70% × 100%) ＝ 7,900万円

となりますので2,100万円の評価減となりました。建物についても、賃貸する場合には、「固定資産税評価額×(1−借家権割合×賃貸割合)」となります。したがって、

 建物相続税評価額
7,000万円×(1 − 30% × 100%) ＝ 4,900万円

となり、さらに2,100万円の評価減になりました。すなわち1億円で建てた建物は、5,100万円の評価減となるわけです。

したがって、土地と建物を合わせた相続税評価額は、以下のようになります。

 土地・建物相続税評価額
7,900万円 ＋ 4,900万円 ＝ 1億2,800万円

このように、賃貸住宅を建てて他人に貸すことで相続税評価額を大幅に下げることができることをご理解いただけたと思います。

図表13　相続税評価の評価減まとめ

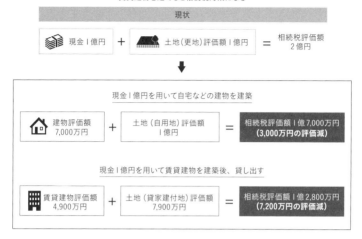

賃貸建物を建てると相続税対策になる

| 現状 |

現金1億円 ＋ 土地（更地）評価額1億円 ＝ 相続税評価額 2億円

↓

現金1億円を用いて自宅などの建物を建築

建物評価額 7,000万円 ＋ 土地（自用地）評価額 1億円 ＝ 相続税評価額1億7,000万円 **（3,000万円の評価減）**

現金1億円を用いて賃貸建物を建築後、貸し出す

賃貸建物評価額 4,900万円 ＋ 土地（貸家建付地）評価 7,900万円 ＝ 相続税評価額1億2,800万円 **（7,200万円の評価減）**

固定資産税の軽減措置もある

相続税ではありませんが、2020年現在、住宅用地は固定資産税・都市計画税（通称、固都税）が軽減される措置が取られています。これは「住宅用地の特例措置」と呼ばれています。

ちなみに固定資産税・都市計画税とは、その年の1月1日に土地・建物を所有している人に課税される税金のことで、固定資産税評価額を基に金額が決まります。

P65の図表14を見ていただければわかる通りで、住宅用地で一戸あたり200㎡までの範囲内の土地のことを指しますので、アパートやマンション一棟に複数の戸数がある建物の場合には、ほぼ間違いなく小規模用宅地に入りますので、固定資産税の課税標準額は1/6に、都市計画税は1/3として計算されます。

また、建物についても、新築住宅は固定資産税や不動産取得税（土地や建物を買ったときにかかる税金。標準税率は4%）が軽減される特例が取られています。細かく見ていくと図表14の通りになりますが、アパートやマンションなどの賃貸住宅に関して言えば、1戸あたり40㎡以上かつ280㎡以下のものだと固定資産税が安くなったり、不動産取得税がかからなかったりします。

このあたりの税制については、刻一刻と変化するところでもあるので、ぜひ最新情報を参照するようにしてください。たとえば先ほど不動産取得税の標準税率は4%と書きましたが、土地及び住宅については、2021年3月31日までは3%とする特例を設けています。

図表14　各種軽減措置

土地の固定資産税都市計画税の計算方法

土地の課税標準額 ※(価格×1/6など)×税率＝固定資産税都市計画税

住宅用地の課税標準の特例措置

区分		固定資産税	都市計画税
小規模住宅用地	住宅用地で住宅1戸につき200㎡までの部分	課税標準×1/6	課税標準×1/3
一般住宅用地	小規模住宅用地以外の住宅用地 (家屋の総床面積の10倍まで)	課税標準×1/3	課税標準×2/3

※課税標準額とは、課税台帳に登録された土地の価格を基にして、
　住宅用地に対する特例措置や負担調整措置などを適用することにより算出。

新築住宅の固定資産税の減額対象

〈床面積の要件〉

1戸建住宅	住宅に店舗などが含まれている併用住宅	アパートなどの共同住宅		マンションなどの区分所有の住宅	
床面積	居住部分の床面積(居住部分の床面積が全体の1/2以上であること)	独立的に区画された居住部分ごとの床面積に、廊下や階段などの共用部分の面積を按分し、加えた床面積		専有部分のうち居住部分の床面積に、廊下や階段などの共用部分の床面積を按分し、加えた床面積(専有部分のうち居住部分が、その専有部分の1/2以上であること)	
			貸家の場合		貸家の場合
50㎡以上 280㎡以下	50㎡以上 280㎡以下	50㎡以上 280㎡以下	40㎡以上 280㎡以下	50㎡以上 280㎡以下	40㎡以上 280㎡以下

新築住宅における不動産取得税の軽減

〈床面積の要件〉

	床面積下限		床面積上限
	1戸建	1戸建以外の住宅	
貸家以外	50㎡以上	50㎡以上	240㎡以下
貸家	50㎡以上	40㎡以上	240㎡以下

※1戸建以外の住宅とは、マンション等の区分所有住宅、またはアパート等構造上独立した区画を有する
　住宅のことを言います。

※マンション等は共用部分の床面積を専有部分の床面積割合により按分した床面積も含まれます。

出典：東京都主税局

新たに建築しなくても、相続税対策はできる

相続税対策のための土地活用の方法として、建物を建てるということを述べてきましたが、建物を建てなければ相続税の対策はできないというわけではありません。

このあたりは第1章でも書いたように、大手ハウスメーカーやアパートビルダーが「建てることありき」のセールスをしてきましたので、思い違いをしている土地オーナーも多いかもしれません。しかしながら、所有している土地を共同担保に入れて、別途、土地と建物がセットになった賃貸アパートやマンション（収益不動産と言います）を購入することでも、相続税対策は可能です。

さらに、その不動産がきちんと収益をあげる優良な賃貸物件であれば、相続税対策としてではなく、収益性を確保することもでき、将来に相続する子や孫に安定的・継続的な収入をもたらす財産となります。

なぜそういったことが可能かと言えば、これまで見てきた土地や建物の相続財産の評価減は、購入したものであっても変わらないからです。

たとえば2億円の土地付きの一棟アパートを購入したら、1億円が評価減となり、相続税評価額としては2億円を1億円にできるということになります。ですから、詳しくは第5章に譲りますが、みなさんが持っている土地のエリアでは、賃貸需要が見込めないという場合には、相続税対策のためだけに賃貸住宅を無理に建築するのは得策ではないということが言えるのです。

生前贈与についても知っておこう

相続税対策としては計画的に生前贈与をしていくことも有効な方法となります。

ちなみに贈与税は相続税法の一部なので基本的な考え方は同じです。累進課税で、69ページの図表15の通りとなります。

1月1日から12月31日までの1年間に贈与された金額の合計が110万円を超えると贈与税が贈与を受けた人（受贈者）にかかってきます。ここでの注意点は、贈与を受けた人数に関係なく、1年間に受けたすべての贈与を合計した金額に対して税金がかかることです。たとえば父から100万円、祖父からも100万円をもらった場合、合計金額が200万円となりますので、200万円－110万円＝90万円が贈与税の対象となります。

長期的なプランで毎年贈与していくことを暦年贈与と言い、将来の相続税の負担軽減に効果的です。しかし、いくつか注意点があります。

まず、先ほども書いたように、110万円と、非課税となる基礎控除額がそこまで大きくないことです。塵も積もれば山となると考えることもできますが、ここには落とし穴もあります。生まれてから成人（18歳）になるまで、子どもの誕生日に、毎年100万円を贈与し続けた場合、1,800万円を暦年贈与していることになるはずですが、毎年同じ日に同じ金額を贈与していると、当初から1,800万

円を贈与する意図があり、それを分割して支払っているに過ぎないものとして、一括で贈与したとみなされることもあります。この場合、以下の贈与税が発生します。

贈与税＝（1,800万円－110万円）×50％（税率）－250万円
　　　＝595万円

　加えて相続開始前3年以内に贈与されたものは、相続税法上、相続財産に加算されます。これを生前贈与加算と言います。ですから、被相続人の体調が急に悪くなったからといって、ギリギリになって贈与をしても、相続税対策にはなりません。
　とはいえ、相続人等にならない孫やひ孫、子どもの配偶者などに対する贈与は相続財産に加算されませんので、うまく活用することで、相続直前にできる対策として成り立つかもしれません。

図表15　贈与税の速算表

一般贈与財産用（一般税率）
この速算表は、「特例贈与財産用」に該当しない場合の贈与税の計算に使用します。

基礎控除後の課税価格	200万円以下	300万円以下	400万円以下	600万円以下	1,000万円以下	1,500万円以下	3,000万円以下	3,000万円超
税率	10%	15%	20%	30%	40%	45%	50%	55%
控除額	—	10万円	25万円	65万円	125万円	175万円	250万円	400万円

特例贈与財産用（特例税率）
この速算表は、直系尊属（祖父母や父母など）から、その年の1月1日において20歳以上の者（子・孫など）※への贈与税の計算に使用します。

基礎控除後の課税価格	200万円以下	400万円以下	600万円以下	1,000万円以下	1,500万円以下	3,000万円以下	4,500万円以下	4,500万円超
税率	10%	15%	20%	30%	40%	45%	50%	55%
控除額	—	10万円	30万円	90万円	190万円	265万円	415万円	640万円

※「その年の1月1日において20歳以上の者（子・孫など）」とは、贈与を受けた年の1月1日現在で20歳以上の直系卑属のことを言います。

出典：国税庁

二次相続対策の重要性

相続税のことを考えるときに、父母が2人とも存命の場合に、気をつけなくてはいけないのが二次相続です。

たとえば被相続人である父が亡くなった場合、当然ながら子とともに配偶者である母も法定相続人になります。これを一次相続と言い、多くの場合で配偶者の税額軽減の特例や小規模宅地等の特例による相続税評価額の評価減が受けられます。加えて、法定相続人の数も、二次相続より多くなるケースが大半であるため、按分された取得金額は少なくなります。つまり、一次相続は相続税の負担が小さいということです。

この一次相続で安心してしまうと、そう遠くない未来に発生する傾向にある二次相続で、思いがけない落とし穴にはまってしまいます。

相続税は累進課税ですので、二次相続は一次相続よりも税負担が大きくなります。ある意味、一次相続では納税が繰り延べされただけであるともいえます。

また、一次相続が発生した後は、所有する財産のことや相続の仕組みについてあまりよくわかっていないほうの親が取り残されることもあります。この場合、相続に関するトラブルが発生する確率は高まります。

ですから、一次相続が発生する前に、二次相続までを決めることが重要です。あるいは相続税対策を施し、残された配偶者の生活も

きちんと担保したうえで、直接子や孫に相続させるというのも有効な手段となります。

　一次相続・二次相続のやり方によって、納税総額にどのような違いが出るのか、3つのパターンを見ていきましょう。

ケーススタディ

[家族構成]

被相続人　夫

相続人　　妻　長男　長女

夫の保有資産の相続税評価額　2億円

図表16　二次相続ケーススタディ図

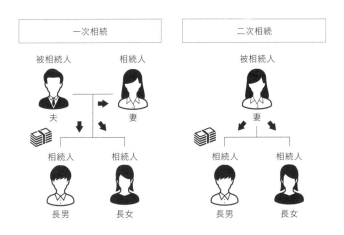

パターン①
法定相続割合通り相続した場合

☐ 一次相続

法定相続割合は以下の通りです。

妻1/2　長男1/4　長女1/4

🧮 課税遺産総額（※）

= 所有財産 − 基礎控除

= 2億円 −（3,000万円 + 600万円 × 3）

= 1億5,200万円

※課税遺産総額とは、相続税を計算するための基準となる金額のことで、正味の相続財産から基礎控除額を控除した金額。課税遺産総額を法定相続割合で分割したものと想定して相続税の総額を計算します。

妻　：1億5,200万円 × 1/2 = 7,600万円
長男：1億5,200万円 × 1/4 = 3,800万円
長女：1億5,200万円 × 1/4 = 3,800万円

各相続人の納税額を速算表（45ページ）より算出します。

妻　：7,600万円 × 30% − 700万円 = 1,580万円
長男：3,800万円 × 20% − 200万円 = 560万円
長女：3,800万円 × 20% − 200万円 = 560万円

納税総額＝1,580万円＋560万円＋560万円＝2,700万円

　法定相続割合通りに相続するとき、配偶者である妻は法定相続割合通りまたは1億6,000万円のどちらか大きい金額までは相続税がかかりません。
　したがって、妻の納税額はゼロとなり、全体の納税額は以下となります。

0円（妻）＋560万円（長男）＋560万円（長女）＝1,120万円

☐ 二次相続

　次に、上記の一次相続後に、妻が亡くなった場合の相続税を計算してみます。
　妻の所有財産は夫から相続した財産（2億円×1/2＝1億円）のみとします。

　法定相続割合は以下の通りです。
　長男1/2　長女1/2

📱 **課税遺産総額**
　＝所有財産－基礎控除
　＝1億円－（3,000万円＋600万円×2）
　＝5,800万円

　長男：5,800万円×1/2＝2,900万円
　長女：5,800万円×1/2＝2,900万円

各相続人の納税額を速算表より算出します。

　　長男：2,900万円×15%－50万円＝385万円
　　長女：2,900万円×15%－50万円＝385万円

したがって、二次相続での納税額は、以下となります。

　　385万円（長男）＋385万円（長女）＝770万円

　一次相続と二次相続を合わせての納税総額は、以下となりました。

 一次・二次相続の納税総額
　　＝1,120万円（一次相続）＋770万円（二次相続）
　　＝1,890万円

パターン②
配偶者控除を最大限利用した場合

☐ 一次相続

次に、相続する金額を法定相続通りではなく、配偶者控除を最大限利用できるように変えて計算してみます。

　　妻　：1億6,000万円
　　長男：2,000万円
　　長女：2,000万円

納税総額は先に計算した通り、
納税総額＝1,580万円＋560万円＋560万円＝2,700万円
となり、実際の相続割合に応じて負担します。

　　妻　：2,700万円×1億6,000万円／2億円＝2,160万円
　　長男：2,700万円×2,000万円／2億円＝270万円
　　長女：2,700万円×2,000万円／2億円＝270万円

先に記した通り、配偶者控除により妻の相続税は0となりますので、実際の納税額は、以下となります。

　　270万円（長男）＋270万円（長女）＝540万円

☐ 二次相続

妻の所有財産は夫から相続した財産のみ（1億6,000万円）とし、妻が亡くなった後の相続税を計算してみます。

法定相続割合は以下の通りです。
　　長男1/2　長女1/2

📱 **課税遺産総額**
　　＝所有財産－基礎控除
　　＝1億6,000万円－（3,000万円＋600万円×2）
　　＝1億1,800万円

　　長男：1億1,800万円×1/2＝5,900万円
　　長女：1億1,800万円×1/2＝5,900万円

各相続人の納税額を速算表より算出します。

　　長男：5,900万円×30%－700万円＝1,070万円
　　長女：5,900万円×30%－700万円＝1,070万円

二次相続での納税額は、以下となります。

　　1,070万円（長男）＋1,070万円（長女）＝2,140万円

したがって、一次相続と二次相続を合わせた納税総額は次のようになります。

一次・二次相続の納税総額

　＝540万円（一次相続）＋2,140万円（二次相続）

　＝2,680万円

　パターン①と②の結果から、法定割合通りに相続したほうが、長男と長女の税負担は少なくなることがわかりました。では、次に二次相続をゼロにする対策を施した場合を見てみましょう。

パターン③
二次相続の納税をゼロにする相続をした場合

☐ 一次相続

以下の通り相続したとして計算します。

 妻 ：4,200万円
 長男：7,900万円
 長女：7,900万円

納税総額は先に計算した通り、2,700万円となり、実際の相続割合に応じて負担します。

🧮 妻 ：2,700万円×4,200万円／2億円＝567万円
 長男：2,700万円×7,900万円／2億円＝1,066.5万円
 長女：2,700万円×7,900万円／2億円＝1,066.5万円

妻の相続税は0となるので、実際の納税額は、以下の通りとなります。

 1,066.5万円（長男）＋1,066.5万円（長女）＝2,133万円

☐ 二次相続

妻の所有財産は夫から相続した財産のみ（4,200万円）とし、二次相続の計算もしてみます。

課税遺産総額

　＝所有財産－基礎控除

　＝4,200万円－（3,000万円＋600万円×2）

　＝0

　二次相続では相続税が発生しません。したがって、一次相続と二次相続を合わせた納税総額は次のようになります。

 一次・二次相続の納税総額

　＝2,133万円（**一次相続**）＋0円（**二次相続**）

　＝2,133万円

　パターン①〜③をまとめると図表17のようになります。このように、一次相続のやり方によって二次相続での相続税額が変わり、トータルで見たときに大きな差が出ることをご理解いただけると思います。**一次相続のみを考えるのではなく、二次相続までを考えて戦略的に対策を打つことで納税額を抑えることができるのです。**

図表17　一次・二次相続の納税額まとめ

		① 法定相続割合 通りに相続	② 配偶者控除 最大限活用し相続	③ 二次相続時の納税 0になるよう相続
相続税額	一次相続	1,120万円	540万円	2,133万円
	二次相続	770万円	2,140万円	0万円
	合計	1,890万円	2,680万円	2,133万円

不動産小口化商品で新たな相続対策

　賃貸経営を行ううえではいくつかのNG事項がありますが、相続税対策のために賃貸経営をしようと考える土地オーナーのみなさんが特に気をつけなくてはいけないことが、不動産の共有です。たとえば2人の子どもに相続する際、1棟のアパート・マンションを2人の子で共有名義にして、相続後は家賃収入（収益）を分配しようと考えている人もいるでしょう。

　実はこれはNG事項であり、かなり高い確率で揉めることになります。というのも、収益の按分をどうするのか、大規模修繕でどちらがどれだけ負担するのか、管理会社とのやりとりの窓口は誰が担当するのか、売却・現金化したくても意見が分かれるといったことが次々と起こるからです。

　こういった問題を解決するために、新たな選択肢として登場したのが不動産小口化商品です。これは不動産特定共同事業法（不特法）に基づいて設計された商品で、相続対策として有効に利用できます。

　仮に、被相続人が1億円の現金を持っている場合、そのまま子ども2人に相続すると、1人あたり約385万円の相続税がかかります。これを1口1,000万円の任意組合型の不動産小口化商品を10口購入し、5口ずつ（5,000万円分）を相続したとします。この任意

組合型の不動産小口化商品は実物不動産を購入したのと同じ節税効果があるのです。具体的には第2章の本文中で説明したような土地は貸家建付地の評価減、建物は借家評価減などの特例を適用できるので、相続税評価額をかなり圧縮できるのです。

そして、相続人それぞれが独立した所有権を持ちますので、相続後に売って現金化する、一部だけ売って残りは持ち続けるといったことを自由にできます。

加えて、家賃収入を原資とする配当もあります。一般的には配当利回りは年2％程度といわれています。

お気づきの方もいると思いますが、REIT（不動産投資信託）と少し似ている商品だと言えます。しかし、REITは株式と同じように証券取引所に上場されている流動性の高いもので、市場価格で日々変動しますが、任意組合型の不動産小口化商品は、毎日価格が変動することはありませんので、安定した資産として持つことができます。そして、REITでは不動産税制が適用できず、相続税評価額の圧縮メリットを享受できません。

実物不動産を持ち賃貸経営する場合と比較したときのデメリットは、融資が利用できないため基本的には現金購入になるという点です。

とはいえ、多額の現金があり相続税対策したいというときには、現金を不動産小口化商品に変えておけば、相続財産の圧縮効果（相続税対策）および、資産運用ができるということは、頭に入れておいて損

はないと思います。

　当社は厳しい要件を満たし、不動産特定共同事業の免許を取得しており、前記のような不動産小口化商品を販売しています。当社の商品は、新築であれば利回りの良いもの、中古であればリノベーションで付加価値を上げ、修繕リスクも抑えているという特徴が挙げられます。つまり1棟で持ってもまったく問題ない商品を小口化にしているため、利回りは年2〜5％程度と高くなっています。

図表18　不動産特定共同事業　任意組合型の仕組み

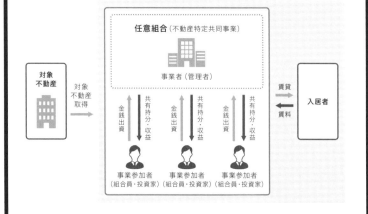

不動産特定共同事業 任意組合型（金銭出資型）

第 3 章

不動産投資の
ノウハウを
活用して、
土地活用を
成功させる

土地活用は、不動産投資である

当社は一棟収益不動産を活用した資産運用コンサルティングを行っており、不動産投資や賃貸経営をサポートしています。

　もともと当社は、不動産投資をしたい方に中古の一棟アパート・マンションを提供するところから始まっています。その後、顧客ニーズに応えるために、土地付きの新築一棟アパート・マンションの開発を行うようになりました。

　その際、顧客に提供する物件の利回りを高くする必要があったため、一般的な不動産会社に見られるような、企画だけを自社で行い、設計や実際の建築施工は下請け業者に任せるやり方ではなく、自社内で設計・施工ができる体制を整えました。そのノウハウを活かすことで、土地オーナー向けの土地活用事業も開始したのです。

　したがって、今でも当社は資産運用会社として、顧客の土地の有無にかかわらず不動産投資を一気通貫でサポートするのが主な事業となっています。

　土地活用をしようと考えている方には、「不動産投資は関係ない」と思っている方も多いかもしれませんが、実はそうではありません。

　実は、土地活用は不動産投資なのです。

　所有する土地に賃貸アパート・マンションを建てる場合、「土地の購入を伴わない不動産投資」と言い換えることができます。

図表19　土地オーナーと不動産投資家の立場の違い

年間家賃収入1,000万円を得るためには…

不動産投資家（土地がない方）	
土地	1億円
建物建築費用	1億円
合計	2億円
表面利回り	1,000万円／2億円＝5%

土地オーナー	
土地	保有済み
建物建築費用	1億円
合計	1億円
表面利回り	1,000万円／1億円＝10%

> 土地オーナーは土地購入の必要がなく、
> 建物分を投資するだけで賃貸経営ができるため非常に有利

　そういった意味では、土地オーナーは有利な条件で不動産投資ができる立場にあります。一方の土地を持たない不動産投資家は、土地を購入して不動産投資・賃貸経営しなければならないので、総投資額は土地オーナーに比べて高額になり、不利な状況で運用することになります。

土地オーナーの土地活用を失敗に導く罠だらけの事業計画書とは？

土地オーナーはこのようなアドバンテージがあるにもかかわらず、賃貸経営がうまくいかない方がたくさんいます。

一方、当社でお手伝いさせていただいた元々土地を持っていなかった不動産投資家は、例外なくみなさんが利益を出し、税金対策を実現しています。

その違いは何でしょうか。なぜ、土地オーナーの方の土地活用・不動産投資は、往々にして失敗してしまうのでしょうか。

一言でいってしまえば、初期設定が間違っているからです。そのことは、事業計画書をみることで理解できます。

次ページ以降に記した事業計画書は、通常ハウスメーカーやアパートビルダーが土地オーナーのみなさんに土地活用を提案する際に、資料として提示するものです。

この事業計画書は、一般的に用いられているものを参考に、当社が作成しました。内容として、特異なものではありません。

土地オーナーのみなさんは、こうした事業計画書を参考にして、建築するかどうかの判断をします。別の言い方をすれば、ハウスメーカーやアパートビルダーといった建築事業者が、判断を迫ってくるのです。

しかし、実はここにはさまざまな罠が潜んでいます。その罠を発見しないと、正しい初期設定はできません。末路はすでに第1章な

どでも記した通りです。数年後に、こんなはずではなかったという
事態に陥り、最悪は土地を失ってしまうことにもなりかねません。

図表20　土地活用事業者が提出する事業計画書のサンプル

○○○○様　事業計画書

計画地：兵庫県○○市　計画建物：鉄骨造3階建　延床／施工床面積：360㎡／450㎡

建物建築費 A		付帯工事費 B		
本体標準工事費	99,800,000	付帯工事 A	給排水・電気・ガス	5,000,000
その他工事費①	0	付帯工事 B	道路掘削工事(給水)	2,500,000
その他工事費②	0	付帯工事 C	解体工事・用地整備	1,000,000
合計	99,800,000	エクステリア工事	外構	3,000,000
		内装工事	エアコン	960,000
諸費用 C		地盤改良工事	概算	1,500,000
登記費用	400,000	合計		13,960,000
抵当権設定費用	500,000			
融資関連費用	150,000	総合計 (A+B+C)		115,530,000
火災保険料	600,000	資金計画		
印紙税	120,000	自己資金		5,530,000
その他	0	アパートローン		110,000,000
合計	1,770,000	合計		115,530,000

収入明細	月額賃料	648,000	年間賃料	7,776,000	利回り	7.79%

プラン	面積	世帯数	管理形態	1室賃料	合計賃料
1K	27㎡	12	サブリース一括借上保証	54,000	648,000
合計					648,000

※共益費、敷金・礼金は○○○社にてお預かり

金利：1%(変動)、期間：30年(元利均等)

支出内容		公租公課・その他	
ローン返済額(毎月)	353,803	固定資産税・都市計画税	800,000
年間返済額	4,245,636	その他	0
年間支出合計	4,245,636	合計	800,000

年間収支		純収入	
年間収支 ＝年間総収入 − 年間支出合計	3,530,364	純収入 ＝年間収支 − 公租公課・その他	2,730,364

事業計画書の罠 ☠

- そもそもの利回りが低い
  (土地購入がないにもかかわらず)
- 利回り計算を総建築費で行ってない
- サブリースにより30年間家賃が変わらない前提
- 課税所得および税引後キャッシュフロー
  (手取り)の記載がない
- 毎年の修繕費を考慮していない
- 長期の大規模修繕工事費用を考慮していない

図表20　土地活用事業者が提出する事業計画書のサンプル

	年間収支	1年目	2年目	3年目	4年目	5年目	6年目	7年目	8年目
収入	住宅賃料収入	¥7,776,000	¥7,776,000	¥7,776,000	¥7,776,000	¥7,776,000	¥7,776,000	¥7,776,000	¥7,776,000
	合計	¥7,776,000	¥7,776,000	¥7,776,000	¥7,776,000	¥7,776,000	¥7,776,000	¥7,776,000	¥7,776,000
支出	ローン返済	¥4,245,636	¥4,245,636	¥4,245,636	¥4,245,636	¥4,245,636	¥4,245,636	¥4,245,636	¥4,245,636
	合計	¥4,245,636	¥4,245,636	¥4,245,636	¥4,245,636	¥4,245,636	¥4,245,636	¥4,245,636	¥4,245,636
	年間収支	¥3,530,364	¥3,530,364	¥3,530,364	¥3,530,364	¥3,530,364	¥3,530,364	¥3,530,364	¥3,530,364
租税公課	固都税	¥800,000	¥800,000	¥800,000	¥723,040	¥723,040	¥723,040	¥666,800	¥666,800
	合計	¥800,000	¥800,000	¥800,000	¥723,040	¥723,040	¥723,040	¥666,800	¥666,800
	純収支	¥2,730,364	¥2,730,364	¥2,730,364	¥2,807,324	¥2,807,324	¥2,807,324	¥2,863,564	¥2,863,564

	年間収支	9年目	10年目	11年目	12年目	13年目	14年目	15年目	16年目
収入	住宅賃料収入	¥7,776,000	¥7,776,000	¥7,776,000	¥7,776,000	¥7,776,000	¥7,776,000	¥7,776,000	¥7,776,000
	合計	¥7,776,000	¥7,776,000	¥7,776,000	¥7,776,000	¥7,776,000	¥7,776,000	¥7,776,000	¥7,776,000
支出	ローン返済	¥4,245,636	¥4,245,636	¥4,245,636	¥4,245,636	¥4,245,636	¥4,245,636	¥4,245,636	¥4,245,636
	合計	¥4,245,636	¥4,245,636	¥4,245,636	¥4,245,636	¥4,245,636	¥4,245,636	¥4,245,636	¥4,245,636
	年間収支	¥3,530,364	¥3,530,364	¥3,530,364	¥3,530,364	¥3,530,364	¥3,530,364	¥3,530,364	¥3,530,364
租税公課	固都税	¥666,800	¥610,560	¥610,560	¥610,560	¥554,320	¥554,320	¥554,320	¥498,000
	合計	¥666,800	¥610,560	¥610,560	¥610,560	¥554,320	¥554,320	¥554,320	¥498,000
	純収支	¥2,863,564	¥2,919,804	¥2,919,804	¥2,919,804	¥2,976,044	¥2,976,044	¥2,976,044	¥3,032,364

	年間収支	17年目	18年目	19年目	20年目	21年目	22年目	23年目	24年目
収入	住宅賃料収入	¥7,776,000	¥7,776,000	¥7,776,000	¥7,776,000	¥7,776,000	¥7,776,000	¥7,776,000	¥7,776,000
	合計	¥7,776,000	¥7,776,000	¥7,776,000	¥7,776,000	¥7,776,000	¥7,776,000	¥7,776,000	¥7,776,000
支出	ローン返済	¥4,245,636	¥4,245,636	¥4,245,636	¥4,245,636	¥4,245,636	¥4,245,636	¥4,245,636	¥4,245,636
	合計	¥4,245,636	¥4,245,636	¥4,245,636	¥4,245,636	¥4,245,636	¥4,245,636	¥4,245,636	¥4,245,636
	年間収支	¥3,530,364	¥3,530,364	¥3,530,364	¥3,530,364	¥3,530,364	¥3,530,364	¥3,530,364	¥3,530,364
租税公課	固都税	¥441,840	¥441,840	¥441,840	¥385,600	¥385,600	¥385,600	¥335,120	¥335,120
	合計	¥441,840	¥441,840	¥441,840	¥385,600	¥385,600	¥385,600	¥335,120	¥335,120
	純収支	¥3,088,524	¥3,088,524	¥3,088,524	¥3,144,764	¥3,144,764	¥3,144,764	¥3,195,244	¥3,195,244

	年間収支	25年目	26年目	27年目	28年目	29年目	30年目
収入	住宅賃料収入	¥7,776,000	¥7,776,000	¥7,776,000	¥7,776,000	¥7,776,000	¥7,776,000
	合計	¥7,776,000	¥7,776,000	¥7,776,000	¥7,776,000	¥7,776,000	¥7,776,000
支出	ローン返済	¥4,245,636	¥4,245,636	¥4,245,636	¥4,245,636	¥4,245,636	¥4,245,636
	合計	¥4,245,636	¥4,245,636	¥4,245,636	¥4,245,636	¥4,245,636	¥4,245,636
	年間収支	¥3,530,364	¥3,530,364	¥3,530,364	¥3,530,364	¥3,530,364	¥3,530,364
租税公課	固都税	¥335,120	¥287,680	¥287,680	¥287,680	¥244,720	¥244,720
	合計	¥335,120	¥287,680	¥287,680	¥287,680	¥244,720	¥244,720
	純収支	¥3,195,244	¥3,242,684	¥3,242,684	¥3,242,684	¥3,285,644	¥3,285,644

不動産投資の原理原則が土地オーナーを守る

で は、どうすれば罠に惑わされることなく、正しい初期設定を行うことができるのでしょうか。そこに必要なのは、不動産投資の理論です。

そこで、ここからは不動産投資の基本理論を紹介していきます。併せて、事業計画書のチェックポイントも解説します。なお、通常の不動産投資では、土地購入費用が大きな比重を持ちますが、本書の読者は土地オーナーであると想定していますので、土地購入費用はあえて除いています。

不動産投資は「利回り」を理解することから始まります。

利回りは、その土地活用の効率性やリスクへの許容度、平たく言えば、儲かるかどうかを知るのに役立ちます。

たとえば、事業計画書で想定されている手取り金額がいくら大きくても、建築資金の総額が大きければ、効率は悪いと言えます。多少の儲けが出ていたとしても、何かマイナスの要因が発生すれば、想定していた金額が手に入らないばかりか、逆にみなさんの財布からお金が出ていくことになりかねません。

ですから、利回りについては確実に理解することが大切です。

図表20の事業計画書を見てみましょう。当然ながら、ここにも利回りが記載されていますが、多くの場合、表面利回りが記載されています。表面利回りは、次ページの計算式で求められます。

◉表面利回り＝年間満室想定家賃収入÷建築工事費（税込）

ここでの注意点は2つあります。

1つは、年間満室想定家賃収入の意味です。これは1年を通して、すべての部屋が満室状態であったときの総家賃収入を指します。

もう1つは、建築工事費の意味についてです。建物本体の建築費用のみならず、付帯工事も含めた工事全体の費用を入れることが大切です。

この付帯工事とは、給排水設備工事、消防設備工事、地盤改良工事、外構工事など多岐にわたります。建設会社によっては、一部を建物本体工事に入れていることもありますし、すべてを別にしている場合もあります。ですから、建物と付帯設備に関するすべての費用、そして土地の地盤改良工事や測量費用などを含めて建築工事費として考える必要があるのです。

事業者によっては、利回りを良く見せるために、意図的に分母である建築工事費を減らす、つまり付帯工事を建築工事費から抜いて計算していることも散見されます。

加えて、表面利回りは、どれだけ効率良く儲かるかという投資パフォーマンスの実態を正確に表していません。

本来、利回りというのは、投資した金額に対してのリターンをはかるためのものですが、表面利回りではそれを正確に捉えることはできません。なぜなら分子である想定家賃収入が、そっくりそのまま手に入るわけではないからです。

つまり、家賃収入をより正確に計算する必要があるのです。

図表21　付帯工事の詳細

付帯工事費		
付帯工事 A	給排水・電気・ガス	5,000,000
付帯工事 B	道路掘削工事（給水）	2,500,000
付帯工事 C	解体工事・用地整備	1,000,000
エクステリア工事	外構	3,000,000
内装工事	エアコン	960,000
地盤改良工事	概算	1,500,000
合計		13,960,000

本体工事だけで坪〇〇万円、利回り〇〇％と表現する会社も多いですが、
以上の通り、建物が存在するためには色々な工事が必要です。

　まず、年間満室想定とありましたが、賃貸経営において、1年間を通じて常に満室ということは考えにくく、一定の頻度で空室は発生するものです。それだけでなく、入居者が家賃を滞納することもあります。そうした空室や滞納による損失分を考慮しなければなりません。これまでにも言及してきた一括借上・サブリースの場合は、この損失を考慮しなくてもよいとも言えますが、実態としてはサブリースのための別途コストがかかっていることには注意が必要です。

　そして、空室や滞納による損失を考慮したものを、実効総収入と言います。

◉実効総収入＝年間満室想定家賃収入－空室・滞納損失

　とはいえ、空室や滞納による損失がどの程度発生するのかについては、100％正確に予測することはできません。エリアや需給バランス、経済状況など、さまざまな要因に左右されるからです。わ

091

かるのは、あくまで傾向です。たとえば、都心部では賃貸需要が多いので空室は長期化しにくく、田舎では賃貸需要が少ないので空室が長期化しやすいといった具合です。

よって、土地の立地や間取りプランによって想定すべき空室や滞納損失の程度には差が生じますが、計画上は5〜10％程度とみておけば十分でしょう。それ以上の損失をみなければならない場合はそもそも建築してはいけないエリアということになります。

さらに物件を保有しているとさまざまな運営費（ランニングコスト）が発生します。運営費は、管理会社に支払う管理手数料、建物管理費用、水道光熱費、固都税（固定資産税・都市計画税）、原状回復費用、小修繕費などがあります。

サブリースを利用する場合は、管理手数料という名目ではありませんが、年間満室想定家賃収入の80〜90％の金額で事業者が借り上げます。そのため、サブリース事業者の取り分は、サブリース料として土地オーナーが負担していることになるため、運営費として考える必要があります。

さて、事業者が提案する事業計画書を見てみましょう。先に示したサンプルからもわかるように、この運営費を正しく見積もっていないケースは散見されます。よくあるのが、原状回復費用や小修繕費をまったく考慮していないことです。

入居者が退去した後は、一定の原状回復工事が必ず発生します。新築から年数が経過していないうちは大きな工事は発生しにくいですが、入居者の過失がない部分については建物所有者が修繕するルールになっているため、一定の工事費用は事業計画上入れておくことが大切です。そのほか、入居中にも室内設備の不具合が発

生したり、建物共有部分で細かな修繕も発生します。

　こうした修繕関係の費用も含めた運営費は、当然ながら収益性に大きく影響しますので、きちんと事業計画のなかでシミュレーションしておく必要があります。具体的には、先の実効総収入から運営費を引いたものを営業純利益（NOI：Net Operating Income）として計算します。

◉営業純利益（NOI）＝実効総収入－運営費

　NOIは、その物件が稼ぎ出す収益力を表しています。すなわち、すべて現金で建物を建てた場合に、土地オーナーが受け取れる税引前キャッシュフロー（税引前CF）という捉え方ができます。
　実際には多くの土地オーナーが融資を受けて建物を建てるので、最終的な税引前CFは、金融機関への返済金額を引いた金額となります。

◉税引前CF＝NOI－返済金額

　土地活用を考える際には、こうした収支計算を正確に行う必要があります。加えて、所得税や住民税といった税金のことも計算に入れておくべきです。税引前CFから、そうした税金を引いたものが税引後キャッシュフロー（税引後CF）となり、みなさんの手取り収入となります。
　実際の運用パフォーマンスを考えるうえで、いかに冒頭で記した表面利回りが、正確性に欠けているかが、おわかりいただけたでしょうか。P95の図表22に一連の流れをまとめていますので、確認

してみてください。

これまでのポイントを踏まえ、意味のある本当の利回りについて、今一度考えてみます。

本当の利回りは、NOIを建築工事費（税込）にそのほかの諸費用（登記費用、不動産取得税、建築中の期中金利など）を加えた総投資金額で除算して求められる総収益率（FCR：Free and Clear Return）になります。

建物の建築工事費のみならず、土地活用を行う際にかかるすべての費用を考慮することが重要だということです。その他の諸経費に関しては図表23にまとめています。

●FCR（%）＝ NOI ÷ 総投資額（建築工事費＋その他諸費用）

投資というのは投資金額に対して、どれだけリターンがあったか、ということにつきます。土地活用も同じです。土地活用を始めるにあたり、出ていったすべてのお金が投資となります。ですから、その投資金額に対して1年間でどれだけリターン、つまりNOIがあったかということを把握する必要があるわけです。

いかに表面利回りは意味のない数字なのか、ということを説明するために、具体的な数字で考えてみます。

次の物件AとBは、ともに表面利回り10％の物件ですが、物件Aにはエレベーターや受水槽、自動火災報知機など、定期的な点検が必要な設備が多く、運営費が300万円かかるのですが、物件Bはそういった設備がなく、運営費は200万円で済みます。

図表22　キャッシュフローの導き方

満室想定総収入
　　▲空室・滞納損失

実効総収入
　　▲運営費

NOI（営業純利益）
　　▲返済金額

税引前CF

図表23　その他の諸経費の例

登記費用	印紙代
不動産取得税	水道分担金
融資手数料	初回入居広告料
期中金利	火災・地震保険料

🏢 物件A
NOI＝実効総収入950万円－運営費用300万円＝650万円
FCR＝NOI 650万円÷総投資額1億700万円＝6.07%

🏢 物件B
NOI＝実効総収入950万円－運営費用200万円＝750万円
FCR＝NOI 750万円÷総投資額1億700万円＝7.00%

　このように同じ表面利回りでも、FCRで比較すると1%近く利回りが違うことがわかります。

　事業計画書においては、表面利回りの高さを売りにする事業者も多いのですが、上記のように想定しうるコストをすべて考慮すべきだと言えます。つまり、事業者の甘い言葉に引っかからないためには、NOIを出し、土地活用時にかかるすべての費用で除算し、FCRという正しい利回りで判断することが大切なのです。

図表24　運営費の違いによるFCRの違い

共通条件	物件A	物件B
物件価格	1億円	
購入諸費用	700万円	
総投資金額	1億700万円	
満室想定賃料	1,000万円	
表面利回り	10.00%	
空室・滞納損	50万円	
実効総収入 （満室想定賃料 －空室・滞納損）	950万円	

個別条件	物件A	物件B
運営費	300万円	200万円

投資指標	物件A	物件B
NOI （実効総収入－運営費）	650万円	750万円
FCR （NOI÷総投資金額）	6.07%	7.00%

> 同じ表面利回りであっても運営費の違いにより
> 真の利回りである総収益率FCRは異なる

融資を利用するならば押さえておくべきイールドギャップ

　土地活用の一般的な事業計画書に記載されていることはほとんどない投資指標に、イールドギャップというものがあります。融資を利用して土地活用する方であれば、必ず押さえておきたいものとなります。

　イールドギャップを理解すると、融資を受けることによって土地活用の効率や資金効率がどれだけ上がるかをはかることができるようになります。

　株式投資や金融の世界でもよく使われるイールドギャップという指標ですが、土地活用・不動産投資の場合は、少し考え方が異なります。

　金融の世界でいうイールドギャップは、運用先の利回りと調達金利との差を指します。これと同様の考えで不動産投資の世界でも、物件の利回りと金融機関からの融資の金利との差をイールドギャップと考える方も少なくありません。

　たとえば、表面利回り10％で建物を建築し、金利2％で資金調達した場合、イールドギャップは8％という計算です。

　しかし、これは正確な考えだとは言えません。この考え方では投資判断を誤りかねません。

　金融機関から融資を受ける際に提示される条件は、借入金額、金利、返済期間の3つがあります。この3つの条件をもとに月々の返済額が確定するのです。

ところが先ほどのイールドギャップの解釈では、「返済期間」の要素が入っていないため、正しい判断ができないということです。

　仮に、先の間違った定義によるイールドギャップで7%以上あれば、投資判断としては正しいということにしましょう。少し極端な例ですが、次のような土地活用は成り立つでしょうか。

ケーススタディ

【物件】

建物建築価格	1億円
年間家賃収入	1,000万円（表面利回り10%）
借入金額	9,000万円（金利2%、返済期間10年）
年間返済額	993万円（元利均等返済）

　先述の定義によればイールドギャップは8%となります。しかし、これでは土地活用として成り立っているとは言えません。お金がきちんと回らないからです。

【計算条件】

空室・滞納損失	年間家賃収入の5%
運営費	年間家賃収入の20%

【計算式】

実効総収入 ＝ 1,000万円 － 1,000万円 × 5% ＝ 950万円

運営費　　 ＝ 1,000万円 × 20% ＝ 200万円

```
NOI        ＝実効総収入950万円－運営費200万円
           ＝750万円
税引前CF＝NOI 750万円－年間返済額993万円
           ＝－243万円
```

　結果、税引前CFはマイナスになりました。このように、間違った
イールドギャップの定義では、正しい判断ができないのです。
　では、正しいイールドギャップは、どう導き出せばいいのでしょ
うか。必要となるのが「ローン定数K」という指標（％）です。ロー
ン定数Kは、金利と返済期間で決まる指標で、総借入金額に対して
どの程度の割合で元利返済しているのかを示します。借り入れに
対する負担率のようなイメージで、この数値が小さいほど負担が
少ないと言えます。
　ローン定数Kは次の計算で求めることができます。

●ローン定数K（％）＝年間返済額÷総借入金額（残高）

　そして、FCRとローン定数Kの差が正しいイールドギャップと
なります。

●イールドギャップYG（％）＝FCR－K

　数式に「年間返済額」とあるように、ローン定数Kでは、融資期間
が考慮されています。同じ借入金利であっても、融資期間が長けれ
ば年間返済額は小さくなるので、ローン定数Kも小さくなります。
ローン定数Kが小さくなればFCRとの差が大きくなるため、イー

ルドギャップが大きく取れる、つまりキャッシュフローが大きくなることにつながるのです。

イールドギャップを正しく理解するには、土地活用・不動産投資が「金融機関との共同事業である」という捉え方をすることが大切です。たとえば一般の事業であれば、共同事業者からは「出資」という形でお金を出してもらい、プロジェクトの利益分配は出資割合に応じて行います。

一方、土地活用では「融資」という形で金融機関からお金を出してもらっているため、利益の分配方法が異なります。つまり、融資割合に応じた分配ではなく、別のルールがあり、その分け方を決めるのがイールドギャップである、ということです。

もう少し詳しく述べると、収益物件から発生するNOIの分配方法において、借り入れから発生する部分のうちローン定数K（％）相当が金融機関の返済に充てられ、残りの部分であるイールドギャップ（％）相当のキャッシュフローを得ることになります。

言葉ではわかりにくいので図表25で示します。

土地活用・不動産投資のキャッシュフローを分解すると、

◉税引前CF＝自己資金×FCR＋借入額× YG（イールドギャップ）

となっていることがわかります。すなわち、土地オーナーがこの税引前CFをより高めるためには、次の2つがあるといえます。

①**自己資金を増やす**
②**イールドギャップをより大きく取る**

このうち、「①自己資金を増やす」は、簡単ではありません。たと

図表25　イールドギャップのイメージ

条件
物件価格	9,500万円
購入諸費用	500万円 ※総投資金額：1億円
総収益率FCR	8.0%
借入金額	9,000万円（金利：3.5%、返済期間：25年、ローン定数：6.0%）
自己資金	1,000万円

総投資金額1億円（内訳：物件価格9,500万円 + 購入諸費用500万円）

借入部分（9,000万円）　　自己資本（1,000万円）

投資全体CF 800万円（FCR：8%）

借入部分CF（720万円）　—自己資本部分CF（80万円）

K：6%　—YG2%

投資家が受け取るCF
　　自己資本部分CF（80万円）+ 　YG2%
=1,000万円 × 8% + 9,000万円 × 2%
=260万円

え追加で出せる現金があったとしても、手元に置いておきたい場合もあるでしょう。

　したがって、現実的には「②イールドギャップをより大きく取る」になります。イールドギャップを大きく取るというのは、ローン定数Kを低くするということと同義ですが、そのためには「より低金利で借りる」か「融資期間を長期にする」ことが必要になります。このうち「融資期間を長期にする」場合、返済期間が長くなるほど元金債務が減りにくいという点には注意が必要です。

　以上のように、金融機関から融資を受ける際は、金利はもちろんですが、返済期間も大変重要になるということをご理解いただけたと思います。

　正しいイールドギャップが理解できると、融資を受けて行う土地活用において、狡猾な事業者の甘い言葉や見せかけの数字に惑

わされることなく、賢い選択ができるようになります。

　％で表されるイールドギャップはどの程度あればよいかという目安についても考えてみたいと思います。

　端的に言えば、土地活用の場合は目安を明確に定めることができません。というのも、地域差がかなり大きいためです。

　建物建築費は全国的な金額の差は大きくなりませんが、土地の価格や賃料は地域によって大きな差があります。

　土地を購入せずに賃貸経営ができる土地オーナーのみなさんに関して言えば、**利回りは「建物建築費」と「賃料」の2つで決まる**ということです。これは大きなアドバンテージであると言えます。

　なぜなら、土地を持たない不動産投資家の場合、土地の購入が必要になりますが、賃料が高くとれる都市部では、当然ながら土地の価格も高くなるからです。土地を持たない不動産投資家たちの立場から考えると、立地の良い土地では賃料が高く設定できるからといっても、利回りが高くなるとは限らない、むしろ利回りは低くなるということです。

　つまり、土地オーナーにとっての最適なイールドギャップの目安を定めることができないのは、土地オーナーの賃貸経営では、地域事情が大きく影響してくるためです。

　とはいえ、参考になる数字がまったくないわけではありません。その1つとして、当社が土地を持たない不動産投資家に土地と新築建物をセットで提供する場合の基準をお伝えしましょう。

◉イールドギャップの基準：1.0〜1.5％以上

あくまでこれは、土地の購入が伴う場合の基準ですので、土地オーナーであれば、最低限、前記の基準を満たす必要があると言えます。

　したがって、イールドギャップが前記を下回るのであれば、その事業計画は危険であることを意味します。賃料、建物建築費、融資条件のいずれか（あるいは複数のもの）が不健全であるということです。

　なかでも地方の土地オーナーは特に注意が必要です。繰り返しになりますが、全国どこでも建築費は大きな差がそれほどないにもかかわらず、都市部に比べて地方は賃料が低いからです。

　具体的な例で考えてみましょう。たとえば、以下のような土地オーナー向けの建築計画を検討してみます。

ケーススタディ

 【物件】

建築する建物	軽量鉄骨造アパート
建物建築価格	1億円
諸経費	700万円
総投資金額	1億700万円
年間家賃収入	750万円
表面利回り	7.5%

【計算条件】

空室・滞納損失	年間家賃収入の5%
運営費	年間家賃収入の20%

借入金額	1億円（金利1.5%、返済期間27年）
年間返済額	450万円（元利均等返済）

キャッシュフローを計算します。

【計算式】

実効総収入 ＝750万円－750万円×5%＝713万円

運営費　　 ＝750万円×20%＝150万円

NOI　　　 ＝実効総収入713万円－運営費150万円
　　　　　　＝563万円

税引前CF　＝NOI 563万円－年間返済額450万円
　　　　　　＝113万円

税引前CFは113万円となりました。では、投資効率としてはどうなのか、FCRとイールドギャップを計算してみましょう。

【計算式】

FCR ＝ NOI 563万円÷総投資額1億700万円
　　　　＝5.26%

ローン定数K ＝年間返済額450万円÷借入金額1億円
　　　　　　　＝4.5%

イールドギャップYG ＝ FCR 5.26%－ローン定数4.5%
　　　　　　　　　　＝0.76%

計算の結果、イールドギャップは1％を下回っていますので、この事業計画は危険水域にあると言えます。このようにイールドギャップが1％を下回るような事業計画は、賃料が高くとりにくいエリアで散見されます。

　こうした投資効率が悪い事業計画に惑わされるのは、税引前CFに着目しがちだからです。ここでいえば113万円となるその金額の絶対額に着目するのではなく、投資効率としてどうかが判断できる、イールドギャップを重視することが大切なのです。

　このほか、土地の所有にこだわりを持たない一般不動産投資家の場合であれば、売却前提であるため、これまで解説した指標のほかにも内部収益率（IRR）を求めることもあります。しかし、多くの土地オーナーは売却前提でないため、本書ではIRRの解説はしません。詳しく知りたい方は、拙著『はじめての不動産投資 成功の法則』（発売：幻冬舎）をご覧ください。

事業計画のなかで、検討すべき5つのポイント

こ こからは、事業計画書を精査するなかで、検討するべき事項、注意したい点を紹介していきます。

ポイント①
建物構造をどうするか

　土地活用を行う際、建物の構造をどうするかにより、建築費に大きな差が出ます。大手ハウスメーカーの場合は、建物が規格化されていることが多く、アパートであれば軽量鉄骨造が主流です。そのほか、木造や重量鉄骨造、鉄筋コンクリート造（RC造）があります。

　どの構造が最適なのかについては、所有している土地の面積・用途地域・都市計画情報・立地・接道状況により異なってきます。

　木造の場合、建物の建築費は安価になりますが、建物の構造上、高層の建物には不向きとなります。よって土地面積が広大ではなく容積率が200％以下であれば木造が適していると言えます。

　大手ハウスメーカーやアパートビルダーが規格化している建物のほとんどが軽量鉄骨造で、基本的に木造と同じ考え方になりますが、工場で作られていることもあり、品質にばらつきがないことがメリットだと言えます。しかし、総じて割高になっていることが多いのも特徴です。

　重量鉄骨造は、高層の建物に適しており、かつ価格も後述する

RC造より安価のため、土地オーナーの土地活用としては適していると言えます。所有土地が高容積率で、最大限に土地を利用したい場合に有効でしょう。

RC造は、重量鉄骨造と同様に高層の建物に向いています。加えて、丈夫で長持ちすること、ほかの構造と比較して賃料が高めに設定できることといったメリットがあります。他方、デメリットもあります。全構造のなかで建築コストが最も高額になること。加えて、工期も長くなり、通常の賃貸マンションであれば、2年近くの期間を要します。急ぎの相続税対策などでは注意が必要です。

以上を踏まえ、当社の場合、容積率200%以下で土地面積が100坪以下という条件下であれば、木造アパートを提案し、それ以外の場合は重量鉄骨造かRC造を提案することが多くなっています

図表26　建ぺい率・容積率

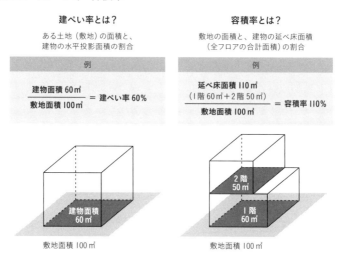

建ぺい率とは？
ある土地（敷地）の面積と、建物の水平投影面積の割合

例

$$\frac{建物面積\ 60㎡}{敷地面積\ 100㎡} = 建ぺい率\ 60\%$$

建物面積 60㎡

敷地面積 100㎡

容積率とは？
敷地の面積と、建物の延べ床面積（全フロアの合計面積）の割合

例

$$\frac{延べ床面積\ 110㎡（1階\ 60㎡＋2階\ 50㎡）}{敷地面積\ 100㎡} = 容積率\ 110\%$$

2階 50㎡

1階 60㎡

敷地面積 100㎡

図表 27　用途地域

用途地域	用途の内容	建ぺい率	容積率
第一種低層住居専用地域	低層住宅専用（高さ10m～12m程度）	30・40・50・60	50・60・80・100・150・200
第二種低層住居専用地域	低層住宅専用（小さい店舗などもOK）	30・40・50・60	50・60・80・100・150・200
第一種中高層住居専用地域	中高層住宅専用	30・40・50・60	100・150・200・300・400・500
第二種中高層住居専用地域	中高層住宅専用（店舗・事務所もOK）	30・40・50・60	100・150・200・300・400・500
第一種住居地域	住宅がメイン（小さい店舗などもOK）	50・60・80	100・150・200・300・400・500
第二種住居地域	住宅がメイン（大規模な店舗・事務所はNG）	50・60・80	100・150・200・300・400・500
田園住居地域（平成30年から追加）	農業の利便を重視　低層住宅がメイン	30・40・50・60	50・60・80・100・150・200
準住居地域	道路や自動車関連施設など住居とのバランスを重視	50・60・80	100・150・200・300・400・500
近隣商業地域	商業施設など近隣住民の利便性を重視	60・80	100・150・200・300・400・500
商業地域	ほとんどすべての種類の建物が建築できる（大規模な工場などはNG）ターミナル駅周辺などの都心部・オフィス街など	80	200・300・400・500・600・700・800・900・1,000・1,100・1,200・1,300
準工業地域	工場メイン　住居や小さい店舗もOK	50・60・80	100・150・200・300・400・500
工業地域	工業メイン　環境破壊の恐れがある工場でも建築できる	50・60	100・150・200・300・400
工業専用地域	工業のみ住居NG（人が生活する場所ではない）	30・40・50・60	100・150・200・300・400

出典：国土交通省

（そのほか、防火地域だと木造が難しく、また高度斜線の制限が厳しいと高層建築物が建たないためRC造や重量鉄骨造は難しくなります）。

ポイント②
賃料下落想定は適切か

　収入の源泉である家賃は、新築時からずっと一定ということはありえません。必ず下落しますので、事業計画の段階から一定の下落幅・下落率を見積もらないといけません。

　しかしながら、事業者によっては賃料下落を一切考慮せず、30年間一定という無茶な計画書を出してくる場合があります。実際、私は何度もそのような計画書を見ています。

　その計画書が事業者による一括借上（サブリース）が前提であっても、後述するように転貸の賃料は下がります。当然、サブリースの借上賃料も下がります。借上賃料の改定は、数年に一度、例外なく発生します。

　重要な点は、どの程度の賃料下落を見ておけばよいのかということです。ここでも、エリアによって下落率の見方が異なるため一概には言えませんが、事業計画上は、都市部と地方でわけ、以下のストレスをかけて考えるといいでしょう。

◉直近の家賃に対しての下落率

都市部		毎年0.5～1.0%
地方	1－10年	毎年1.5～2.0%
	11－20年	毎年1.0～1.5%
	21－30年	毎年0.5～1.0%

サブリースの場合は、毎年賃料が下がるのではなく、事業者側から数年に一回、借上賃料減額の交渉が入るので、その都度一気に賃料が下がるイメージとなります。

ポイント③
プラン、間取りはその地域に合っているか

　地方エリアの土地に対して、単身者向けのワンルームや1Kの間取りプランを提案する事業者も少なくありません。これは、単身者向けのほうが単位面積あたりの賃料を上げやすいためです。

　つまり、事業者は土地オーナーを説得するために、事業計画書を作成・提案するなかで、賃貸需要の有無よりも、数字上の見栄えを良くすることを優先するケースが多々あるということです。

　たとえば、あるエリアでは間取り・広さによって賃料相場は以下の通りです。

1K　　　25㎡　　　賃料・共益費 7万円
2LDK　 50㎡　　　賃料・共益費 12万円

　このように広さが2倍になったからといって、賃料が2倍になるとは限りません。

　利回りを高めることだけを考えれば、面積の狭い単身者向けの間取りで建築したほうがよいというのは、賃貸経営において定石ですが、一方でそれが地域の賃貸需要にそぐわない場合、土地オーナーが望む中長期的な賃貸経営には耐えられないわけです。

　このような無理な建築をする事業者に対して、「待った」をかけられない土地オーナーが少なくないのは、「サブリースなら家賃が保証されている」と考える向きがあるからです。これは非常に危険

です。

　詳しくは第4章に書きますが、事業者が土地オーナーから建物を借り上げ、それを入居者に転貸するのがサブリースの仕組みです。ですから、入居者が入らない、あるいは賃料が大きく下がるということがあれば、事業者は土地オーナーに約束している借上家賃を支払うことができず、いずれサブリース借上家賃の減額か、契約の解約に至ることになります。

　したがって、仮にサブリースを利用するにしても、サブリースありきのプラン、サブリース前提の事業計画ではなく、サブリースがない状態でも入居付けが可能な地域の賃貸ニーズに合った間取りプランにするべきなのです。

　そのためには、業者に任せきりにするのではなく、賃貸経営をしようと考えている地域の賃貸需要を賃貸仲介業者にヒアリングしたり、不動産ポータルサイトで調べるなどして、ご自身でも確認したほうがいいでしょう。

ポイント④
税引後CFまで計算されているか

　事業者が出す事業計画書のなかには、所得税や住民税などを考慮せず、税引前CFのみを表示しているものもあります。

　土地オーナーの1年間の最終的な手取りは、税引後CFなので、支払うべき税金についてもきちんと押さえておく必要があります。税金を考慮しない計画書は絵に描いた餅であるといっても過言ではありません。いくら税引前CFが多くても税金の負担が大きかった場合、手残りがわずかということも考えられるからです。

　賃貸経営上の税金計算は、実際のお金の出入りと経費にできる部分が一致しないことに注意して計算する必要があります。詳しくは減価償却の項目（117ページ）で紹介していきます。

ポイント⑤
将来の修繕費は考慮されているか

　賃貸経営は20年、30年にわたる長期的な事業です。建物を第三者に賃貸して収入を得ていくという事業の性質上、入居者に選ばれ長く住んでもらうためには、建物の維持管理は大切です。

　建物は経年により劣化し傷んでいきます。ですから、定期的な修繕を施すことが、長い賃貸経営の実現につながるわけです。

　外壁塗装、屋上・屋根防水、建物設備の改修・更新などが該当し、大規模修繕工事と言います。すでに述べた通り、土地を持たない不動産投資家の場合は、数年保有後に売却することが多いため、定期的な修繕のための長期修繕計画を立てるのは稀です。

　一方、原則として売却を考えない土地オーナーの場合は、土地活用の事業計画を立てる際に、長期修繕計画を立案し、そのために毎年一定金額を積み立てておく（貯めておく）ことが必要となります。

では、どの程度積み立てておけばいいのでしょうか。

まず頭に入れておかないといけないのは、修繕積立金は実際にお金として出ていっているわけではないため、税金の計算上、経費として扱えないということです。したがって、税引前CF部分からではなく、最終的な手残りとなる税引後CF部分から積み立てるということになります。事業者によっては、税引前CFから修繕積立金を控除させる計算をしている場合がありますが、これは誤っているので注意です。

経費にできるのは、実際に修繕を行いその費用を支払ったタイミングです。ここでも、工事内容によってはその年に一括経費にならないこともあるので、注意が必要です。

税務上、使用期間を延ばしたり、価値を上げたりするような工事内容であれば「資本的支出」、一定の基準内の工事であれば「修繕費」と分けられます。

前者に該当する「資本的支出」となる工事であれば、そのお金は一括での経費計上にはならず、資産計上となります。つまり、建物と同じ扱いとなり建物構造の減価償却期間にわたって毎年少しずつ定額で経費化していくということになります。

後者の「修繕費」であれば、一括で経費にすることができます。

つまり、工事内容によって経費化できる時期と方法が異なるため、工事内容を戦略的に考えながら実施する必要があります。

通常であれば経費にならない修繕積立金ですが、実質的に毎年経費にできる方法もあります。

それは法人名義で建物を所有し、生命保険を使う方法です。修繕費という名目ではありませんが、実質的には修繕費と見立てたお金を積み立てられ、経費にすることができます。

つまり、法人名義で建物を所有することで、生命保険の支払保険料の一部を経費（損金）に計上できる仕組みを利用するのです。

　そのためには、長期修繕計画に基づき、どのくらいの金額をいつまでに貯めないといけないのかを計算し、必要な生命保険の金額（月々の保険料金額）を決めていきます。とはいえ、かつて全額を経費にできていた法人向け生命保険は、ルールが変わり、支払保険料のうち半分を経費にできる商品が一般的となっています。これを半損と言います。

　保険料の半分が経費になるということは、「支払保険料×1／2×法人実効税率」分を節税できるということでもあります。結果、納税を免れた現金を修繕積立金として貯めることができるのです。

　加えて、長期的に保険料を支払い大規模な修繕を実施するタイミングで生命保険を解約すれば、保険の解約返戻金を得られ修繕費に充てることもできます。

　この方法は、計画的に積み立てたい方には検討の余地があると言えます。ただし先述の通り、法人名義で建物を所有しなければならず、相続税対策としての建物評価減の利用はできなくなります。そのため、相続財産の評価額によっては建物を法人で所有するメリットがない場合も多く、きちんと検討する必要があるでしょう。

　いずれにしても、賃貸経営は長期にわたるため、計画的に修繕費を貯めておかなければ後で困ることになるので、事業計画書に落とし込むことが大切です。

図表28「資本的支出」と「修繕費」の違い

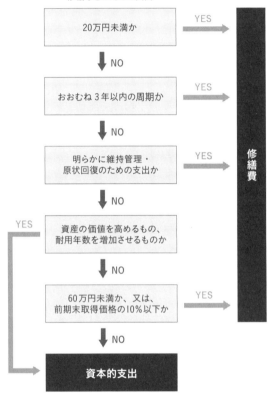

修繕費と資本的支出の判定フローチャート

修繕などのための支出

20万円未満か	YES →
おおむね 3 年以内の周期か	YES →
明らかに維持管理・原状回復のための支出か	YES →	修繕費
資産の価値を高めるもの、耐用年数を増加させるものか	YES
60万円未満か、又は、前期末取得価格の10%以下か	YES →

資本的支出

長期賃貸経営の成功に不可欠な「減価償却」の理解

前述の通り、賃貸経営では税金を引いた税引後CFが最終的な手取りとなるため、その計算方法をよく理解しておきましょう。

基本的な税引後CFを求める計算式は、以下の通りとなります。

◉税引後CF　＝税引前CF－納税金額

納税金額　　＝不動産所得×適用税率

不動産所得　＝ NOI －支払利息－減価償却費

つまり、税引後CFを把握するためには、不動産所得とそこにかかる納税金額を明確にしなければいけないということになります。

最初に不動産所得を求めるにあたり、税金の計算方法を解説します。賃貸経営では、実際のお金の動きと税金計算の処理が一致しません。

たとえば、金融機関への毎月の返済金額ですが、すべてが経費にできるわけではありません。返済額は「利息部分」と「借入金元金部分」に分かれていますが（図表29参照）、税金の計算をする際、経費にできるのは「利息部分」のみであり、「元金部分」は経費にはで

図表29　元利均等返済と経費可否の図

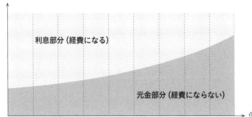

きないのです。

　少し会計用語を使うと、利息支払いは損益計算書（PL）上の取引であり、元金返済は貸借対照表（BS）上の取引となります。所得と税金はPLで計算します。

　見方を変えると、元金返済部分は実際にお金が出ていきますが、経費にはならないのです。ですから、元利均等返済の場合、年数が経過するにつれて元金の割合が増えていくため、不動産の所得が大きくなり課税される税金が多くなっていくということです。

　また、不動産所得を計算するうえで、欠かせないのが減価償却費です。

　減価償却（資産）とは、国税庁によれば、

「事業などの業務のために用いられる建物、建物附属設備、機械装置、器具備品、車両運搬具などの資産は、一般的には時の経過等によってその価値が減っていきます。このような資産を減価償却資産といいます。（中略）減価償却資産の取得に要した金額は、取得した時に全額必要経費になるのではなく、その資産の使用可能期間の全期間にわたり分割して必要経費としていくべきものです。」

　と定められています。

図表30　減価償却費のイメージ

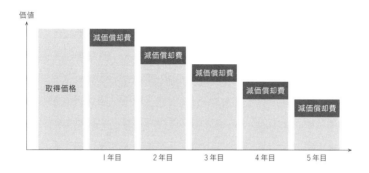

毎年、減価償却費として必要経費に計上する。
キャッシュアウトせずに経費計上でき、結果、不動産所得を圧縮できる

図表31　構造別減価償却期間

建物構造・建物附属設備における法定耐用年数

構造		法定耐用年数
鉄筋コンクリート（RC）造・鉄骨鉄筋コンクリート（SRC）造		47年
鉄骨（S）造	肉厚4mm超（重量鉄骨）	34年
	肉厚3mm超4mm以下（軽量鉄骨）	27年
	肉厚3mm以下（軽量鉄骨）	19年
木造		22年
建物附属設備		8〜17年

建物価格1億円の新築物件における各種構造の1年あたりの減価償却費

構造	耐用年数	1年あたりの減価償却費
木造	22年	460万円
軽量鉄骨造	27年	380万円
鉄骨造	34年	300万円
RC造	47年	220万円

土地オーナーにおける賃貸経営であれば、賃貸物件の建物や建物附属設備などが減価償却資産に当てはまります。

　重要なのは、これらを取得した際、その年に一括で費用計上するのではなく、固定資産として税法上の使用可能年数（法定耐用年数）で分割した一定の金額を、毎年費用計上していく点です。

　土地オーナーにとって減価償却費が重要である理由は、「実際にお金は出ていっていないが、経費にできるもの」ということにあります。不動産所得を計算するうえで、減価償却費が大きくなるほど不動産所得を小さくすることができ、その結果、支払うべき税金額が少なくなるのです。

図表32　減価償却資産の償却率

耐用年数	定額法償却率	耐用年数	定額法償却率	耐用年数	定額法償却率	耐用年数	定額法償却率	耐用年数	定額法償却率
2	0.500	12	0.084	22	0.046	32	0.032	42	0.024
3	0.334	13	0.077	23	0.044	33	0.031	43	0.024
4	0.250	14	0.072	24	0.042	34	0.030	44	0.023
5	0.200	15	0.067	25	0.040	35	0.029	45	0.023
6	0.167	16	0.063	26	0.039	36	0.028	46	0.022
7	0.143	17	0.059	27	0.038	37	0.028	47	0.022
8	0.125	18	0.056	28	0.036	38	0.027	48	0.021
9	0.112	19	0.053	29	0.035	39	0.026	49	0.021
10	0.100	20	0.050	30	0.034	40	0.025	50	0.020
11	0.091	21	0.048	31	0.033	41	0.025		

このことを頭に入れて、実際に1年目の税引後CFを計算してみましょう。

ケーススタディ

【物件】

総投資額	1億円
建物附属設備（総投資額の内）	2,000万円
構造	木造
建物の法定耐用年数	22年
建物附属設備の法定耐用年数	15年
年間家賃収入	1,000万円
空室・滞納損、運営費	300万円
営業純利益（NOI）	700万円

【融資条件】

借入金額	1億円
金利	1.5%
期間	30年
年間返済額	414万円（支払利息　148万円（1年目））

　所得税・住民税の税率が30％として税引前CF、続いて税引後CFを計算します。

【計算式】

税引前CF ＝ NOI － 年間返済額
　　　　　＝ 700万円 － 414万円
　　　　　＝ <u>286万円</u>

減価償却費（1年あたり）
　建物　　　　　8,000万円×償却率4.6% ＝ 368万円
　建物附属設備　2,000万円×償却率6.7% ＝ 134万円
　合計　　　　　502万円

不動産所得 ＝ NOI 700万円 － 支払利息148万円
　　　　　　 － 減価償却費502万円
　　　　　 ＝ 50万円

納税額 ＝ 不動産所得50万円×適用税率30% ＝ 15万円

税引後CF ＝ 税引前CF286万円 － 納税額15万円
　　　　　＝ <u>271万円</u>

このように、税引前CFのみならず税引後CFを導くまでの考え方をおさえておくのが大切です。今回の例では、減価償却費を多く計上できていることにより、納税額を少額に抑えられているのがよくわかります。

黒字倒産を招きかねない 「デッドクロス」というトラップ

中長期にわたる賃貸経営において注意しなければならないものに、デッドクロスがあります。

デッドクロスが起きると、最悪の場合、黒字倒産という事態になりかねない危険な状態となります。仕組みをよく理解し、時期を見定めたうえで、対策を講じておく必要があります。

デッドクロスとは、先に記した減価償却費よりも元金返済金額が上回るポイントのことを言います。

●デッドクロスの状態：元金返済金額＞減価償却費

この状態になると、それ以降は税金計算上の不動産所得、つまり納税額が毎年大きくなっていき、資金繰りが厳しくなっていきます。

別の言い方をすると、税引前CFに対して納税金額が大きくなっていき、税引後CFが大きく減っていくということです。

どういう仕組みでこうした事態が起こるのでしょうか。

土地活用で建築資金の融資を受ける際、一般的には元利均等返済という返済方式を取ります。この元利均等返済は金利の変動がなければ、毎月の返済金額が一定であるため返済計画が立てやすく、キャッシュフローを得やすいというメリットがあります。

図表33　元利均等返済と元金均等返済の特徴

◎元利均等返済

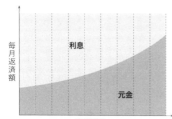

◎元金均等返済

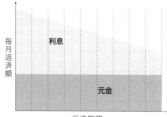

金利に変化がなければ、毎月の返済は同じ。ただし、初期段階では利息支払いが多くなり、元金（借入金）の返済が進みにくい。初期段階からキャッシュフローを求める方向けの返済方法と言える。

毎月一定の元金（借入金）を返済していく。ただし、初期段階では利息支払いが多く返済開始当初の返済額が最も高くなる。当座のキャッシュフローよりも、早期に借入金を返済してしまいたい方向けの返済方法と言える。

　上の図表33にあるように、元利均等返済は、返済の初期には元金部分が少なく、年数が経過するにつれて元金部分の割合が増えていくという特徴があります。

　一方、減価償却費は毎年一定金額ですが、建物附属設備の償却が終わる13～17年目には金額が下がります。その後、建物の償却期間までまた一定の金額で推移します。

　図にするとわかりやすいでしょう。次ページの図は、元利均等返済のグラフに減価償却費の線を重ね合わせたものになります。減価償却費よりも元金部分が大きくなったポイントがデッドクロスとなります。次ページからの事例を見ていきましょう。

図表34 元利均等返済（元金と支払利息）と減価償却費の関係

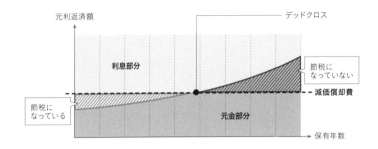

保有期間が長期になるにつれ、元利返済額のうち経費化できる
利息分が減少し、経費化できない元金部分が増加する。

ケーススタディ

【物件】

投資額	2億円
建物附属設備（総投資額の内）	4,000万円
構造	RC造
減価償却費	
建物	約352万円／年
建物附属設備	約268万円／年
年間家賃収入	1,400万円（毎年0.5％下落）
空室損・滞納損	70万円（家賃の5％）
運営費	280万円（家賃の20％）
営業純利益（NOI）	1,050万円

【融資条件】

借入金額	2億円
金利	1.5%
期間	35年
年間返済額	734.8万円

所得税・住民税率＝30％

この事例では、新築時から20年先までの税引前CFは、図表35の通りとなります。

図表35　税引前CFシミュレーション

	購入後年数	1	2	3	4	5	6	7
税引前	満室想定家賃収入	¥14,000,000	¥13,930,000	¥13,860,350	¥13,791,048	¥13,722,092	¥13,653,481	¥13,585,213
	実効総収入	¥13,720,000	¥13,651,400	¥13,583,143	¥13,515,227	¥13,447,650	¥13,380,411	¥13,313,508
	運営費用	¥2,800,000	¥2,786,000	¥2,772,070	¥2,758,209	¥2,744,418	¥2,730,696	¥2,717,043
	NOI（純営業収益）	¥10,920,000	¥10,865,400	¥10,811,073	¥10,757,018	¥10,703,232	¥10,649,715	¥10,596,465
	元利返済額	¥6,774,856	¥6,774,856	¥6,774,856	¥6,774,856	¥6,774,856	¥6,774,856	¥6,774,856
	税引前キャッシュフロー	**¥4,145,144**	**¥4,090,544**	**¥4,036,217**	**¥3,982,162**	**¥3,928,376**	**¥3,874,859**	**¥3,821,609**

	購入後年数	8	9	10	11	12	13	14
税引前	満室想定家賃収入	¥13,517,286	¥13,449,699	¥13,382,450	¥13,315,537	¥13,248,959	¥13,182,714	¥13,116,800
	実効総収入	¥13,246,940	¥13,180,705	¥13,114,801	¥13,049,226	¥12,983,979	¥12,919,059	¥12,854,464
	運営費用	¥2,703,457	¥2,689,940	¥2,676,490	¥2,663,108	¥2,649,792	¥2,636,543	¥2,623,361
	NOI（純営業収益）	¥10,543,483	¥10,490,765	¥10,438,311	¥10,386,118	¥10,334,187	¥10,282,516	¥10,231,103
	元利返済額	¥6,774,856	¥6,774,856	¥6,774,856	¥6,774,856	¥6,774,856	¥6,774,856	¥6,774,856
	税引前キャッシュフロー	**¥3,768,627**	**¥3,715,909**	**¥3,663,455**	**¥3,611,262**	**¥3,559,331**	**¥3,507,660**	**¥3,456,247**

	購入後年数	15	16	17	18	19	20
税引前	満室想定家賃収入	¥13,051,216	¥12,985,959	¥12,921,029	¥12,856,423	¥12,792,140	¥12,728,179
	実効総収入	¥12,790,191	¥12,726,239	¥12,662,608	¥12,599,294	¥12,536,297	¥12,473,615
	運営費用	¥2,610,244	¥2,597,193	¥2,584,207	¥2,571,286	¥2,558,429	¥2,545,637
	NOI（純営業収益）	¥10,179,947	¥10,129,046	¥10,078,401	¥10,028,008	¥9,977,868	¥9,927,978
	元利返済額	¥6,774,856	¥6,774,856	¥6,774,856	¥6,774,856	¥6,774,856	¥6,774,856
	税引前キャッシュフロー	**¥3,405,091**	**¥3,354,190**	**¥3,303,545**	**¥3,253,152**	**¥3,203,012**	**¥3,153,122**

ここで、先に説明した元金返済部分と減価償却費の関係が20年

図表36　元金部分と減価償却費の推移

年	1	2	3	4	5
元金	¥4,378,447	¥4,444,577	¥4,511,706	¥4,579,849	¥4,649,021
減価償却費	¥6,200,000	¥6,200,000	¥6,200,000	¥6,200,000	¥6,200,000
減価償却費 − 元金	¥1,821,553	¥1,755,423	¥1,688,294	¥1,620,151	¥1,550,979

年	6	7	8	9	10
元金	¥4,719,237	¥4,790,515	¥4,862,869	¥4,936,315	¥5,010,871
減価償却費	¥6,200,000	¥6,200,000	¥6,200,000	¥6,200,000	¥6,200,000
減価償却費 − 元金	¥1,480,763	¥1,409,485	¥1,337,131	¥1,263,685	¥1,189,129

年	11	12	13	14	15
元金	¥5,086,553	¥5,163,378	¥5,241,363	¥5,320,527	¥5,400,886
減価償却費	¥6,200,000	¥6,200,000	¥6,200,000	¥6,200,000	¥5,999,999
減価償却費 − 元金	¥1,113,447	¥1,036,622	¥958,637	¥879,473	¥599,113

年	16	17	18	19	20
元金	¥5,482,458	¥5,565,263	¥5,649,318	¥5,734,643	¥5,821,256
減価償却費	¥3,520,000	¥3,520,000	¥3,520,000	¥3,520,000	¥3,520,000
減価償却費 − 元金	▲¥1,962,458	▲¥2,045,263	▲¥2,129,318	▲¥2,214,643	▲¥2,301,256

間でどのように変化していくかをチェックします。図表36を見ると、最初は「減価償却費＞元金返済金額」の状態ですが、築16年以降は「減価償却費＜元金返済金額」の状態になります。

　これは建物附属設備の償却が15年間で終わり、減価償却資産が建物部分のみになったからで、この地点をデッドクロスと言います。

　では、次ページの税引後CFでデッドクロス後がどのようになっているか確認しましょう。

デッドクロスが起こる16年目以降は、不動産所得が上がり納税金額が増え、最終的な手取り金額が大きく減少していく様子が見

て取れます。

　デッドクロスが起きると毎年の税引後CFが減っていくだけでなく、大規模修繕や建物設備の故障が出てくる時期と重なることも多いため、賃貸経営を継続するのが苦しくなるケースも想定されます。

図表37　税引後CFシミュレーション

購入後年数		1	2	3	4	5	6	7
税引後	NOI（純営業収益）	¥10,920,000	¥10,865,400	¥10,811,073	¥10,757,018	¥10,703,232	¥10,649,715	¥10,596,465
	ローン利息	¥1,978,054	¥1,929,866	¥1,881,193	¥1,832,032	¥1,782,376	¥1,732,222	¥1,681,564
	減価償却費	¥6,200,000	¥6,200,000	¥6,200,000	¥6,200,000	¥6,200,000	¥6,200,000	¥6,200,000
	課税所得	¥2,741,000	¥2,735,000	¥2,729,000	¥2,724,000	¥2,720,000	¥2,717,000	¥2,714,000
	納税額	¥822,300	¥820,500	¥818,700	¥817,200	¥816,000	¥815,100	¥814,200
	税引後キャッシュフロー	**¥3,322,844**	**¥3,270,044**	**¥3,217,517**	**¥3,164,962**	**¥3,112,376**	**¥3,059,759**	**¥3,007,409**

購入後年数		8	9	10	11	12	13	14
税引後	NOI（純営業収益）	¥10,543,483	¥10,490,765	¥10,438,311	¥10,386,118	¥10,334,187	¥10,282,516	¥10,231,103
	ローン利息	¥1,630,39	¥1,578,716	¥1,526,516	¥1,473,791	¥1,420,537	¥1,366,747	¥1,312,418
	減価償却費	¥6,200,000	¥6,200,000	¥6,200,000	¥6,200,000	¥6,200,000	¥6,200,000	¥6,200,000
	課税所得	¥2,713,000	¥2,712,000	¥2,711,000	¥2,712,000	¥2,713,000	¥2,715,000	¥2,718,000
	納税額	¥813,900	¥813,600	¥813,300	¥813,600	¥813,900	¥814,500	¥815,400
	税引後キャッシュフロー	**¥2,954,727**	**¥2,902,309**	**¥2,850,155**	**¥2,797,662**	**¥2,745,431**	**¥2,693,160**	**¥2,640,847**

購入後年数		15	16	17	18	19	20
税引後	NOI（純営業収益）	¥10,179,947	¥10,129,046	¥10,078,401	¥10,028,008	¥9,977,868	¥9,927,978
	ローン利息	¥1,257,542	¥1,202,116	¥1,146,132	¥1,089,586	¥1,032,472	¥974,784
	減価償却費	¥5,999,999	¥3,520,000	¥3,520,000	¥3,520,000	¥3,520,000	¥3,520,000
	課税所得	¥2,922,000	¥5,406,000	¥5,412,000	¥5,418,000	¥5,425,000	¥5,433,000
	納税額	¥876,600	¥1,621,800	¥1,623,600	¥1,625,400	¥1,627,500	¥1,629,900
	税引後キャッシュフロー	**¥2,528,491**	**¥1,732,390**	**¥1,679,945**	**¥1,627,752**	**¥1,575,512**	**¥1,523,222**

「デッドクロス」というトラップに引っかからないための対策法

では、デッドクロス以降に賃貸経営の継続が苦しくなることを避けるためには、どのような対策を取ればよいのでしょうか。

土地を持たない不動産投資家であれば、売却し、新たに物件を購入する選択肢がありますが、土地オーナーの場合はそうもいかないでしょう。

したがって、土地オーナーのみなさんにお勧めするデッドクロス対策は、**「減価償却が取れる新たな物件を購入する」**となります。

言い方を変えれば、不動産投資を行うということになります。

デッドクロスが起きている状態というのは、経費計上できる減価償却費より、元金返済金額が上回っていることを意味します。ですから、新たに物件を購入することで減価償却費を追加で計上し、2棟トータルで見て「減価償却費＞元金返済金額」とするのです。

具体的に見てみましょう。先ほどの事例において、次ページのような物件を購入したとします。

ケーススタディ

【物件】

購入した物件	一棟中古アパート（築30年）
構造	軽量鉄骨造
物件価格	5,000万円（土地1,500万円、建物3,500万円）
購入諸費用	200万円
年間家賃収入	450万円（毎年0.5％下落）
空室損・滞納損	22.5万円（家賃の5％）
運営費	90万円（家賃の20％）
営業純利益（NOI）	337.5万円（総収益率FCR 6.49％）

【融資条件】

借入金額	5,000万円
金利	2％
期間	20年
年間返済額	304万円

新築の場合、減価償却期間は法定耐用年数となりますが、中古物件の場合は、以下の通り、それよりも短くなります。

◉法定耐用年数 − 築年数 + 築年数 × 20％

※法定耐用年数を超過している場合、「法定耐用年数×20％」が減価償却期間となる

本物件の場合は、築30年と軽量鉄骨造の法定耐用年数である27年を超えているため、以下の計算の通り、減価償却期間は5年となります。

減価償却期間＝法定耐用年数27年×20%≒5年

　したがって、1年あたりの減価償却費は以下となります。

 3,500万円÷5年＝700万円／年

　この物件単体の税引前CFおよび税引後CFは、次ページの図表38の通りとなります。

　この中古物件を先の物件がデッドクロスになるタイミングである、築16年目に購入した場合、2棟での税引前CFと税引後CFは図表39の通りとなります。

対策前と比較するとデッドクロスにより手取り、つまり税引後CFが減っていたものが、新たに物件を購入したことで、デッドクロスを解消できるようになりました。

これによって今後5年にわたってデッドクロス対策ができます。5年を経て中古一棟アパートの減価償却が終わった後は、新たな減価償却費が取れる物件と入れ替える方法を継続していけばいいのです。

このように、デッドクロスは長期にわたる賃貸経営上、避けては通れないポイントですが、仕組みを理解したうえで、一般的な不動産投資の考え方を取り入れることで、対策を取っていけば必要以上に恐れなくてよいのです。

図表38　中古物件のキャッシュフローシミュレーション

	購入後年数	1	2	3	4	5
税引前	満室想定家賃収入	¥4,500,000	¥4,477,500	¥4,455,112	¥4,432,836	¥4,410,671
	実効総収入	¥4,275,000	¥4,253,625	¥4,232,356	¥4,211,194	¥4,190,137
	運営費用	¥900,000	¥895,500	¥891,022	¥886,567	¥882,134
	NOI（純営業収益）	¥3,375,000	¥3,358,125	¥3,341,334	¥3,324,627	¥3,308,003
	元利返済額	¥2,543,126	¥2,543,126	¥2,543,126	¥2,543,126	¥2,543,126
	税引前キャッシュフロー	**¥831,874**	**¥814,999**	**¥798,208**	**¥781,501**	**¥764,877**

	NOI（純営業収益）	¥3,375,000	¥3,358,125	¥3,341,334	¥3,324,627	¥3,308,003
税引後	ローン利息	¥985,776	¥954,342	¥922,273	¥889,557	¥856,181
	減価償却費	¥7,000,000	¥7,000,000	¥7,000,000	¥7,000,000	¥6,999,999
	課税所得	¥-4,610,000	¥-4,596,000	¥-4,580,000	¥-4,564,000	¥-4,548,000
	納税額	¥-1,383,000	¥-1,378,800	¥-1,374,000	¥-1,369,200	¥-1,364,400
	税引後キャッシュフロー	**¥2,214,874**	**¥2,193,799**	**¥2,172,208**	**¥2,150,701**	**¥2,129,277**

図表39　2棟合わせてのキャッシュフローシミュレーション

新築マンション

	年数	15	16	17	18	19	20
税引前	満室想定家賃収入	¥13,051,216	¥12,985,959	¥12,921,029	¥12,856,423	¥12,792,140	¥12,728,179
	実効総収入	¥12,790,191	¥12,726,239	¥12,662,608	¥12,599,294	¥12,536,297	¥12,473,615
	運営費用	¥2,610,244	¥2,597,193	¥2,584,207	¥2,571,286	¥2,558,429	¥2,545,637
	NOI（純営業収益）	¥10,179,947	¥10,129,046	¥10,078,401	¥10,028,008	¥9,977,868	¥9,927,978
	元利返済額	¥6,774,856	¥6,774,856	¥6,774,856	¥6,774,856	¥6,774,856	¥6,774,856
	税引前キャッシュフロー	**¥3,405,091**	**¥3,354,190**	**¥3,303,545**	**¥3,253,152**	**¥3,203,012**	**¥3,153,122**

	項目	15	16	17	18	19	20
税引後	NOI（純営業収益）	¥10,179,947	¥10,129,046	¥10,078,401	¥10,028,008	¥9,977,868	¥9,927,978
	ローン利息	¥1,257,542	¥1,202,116	¥1,146,132	¥1,089,586	¥1,032,472	¥974,784
	減価償却費	¥5,999,999	¥3,520,000	¥3,520,000	¥3,520,000	¥3,520,000	¥3,520,000
	課税所得	¥2,922,000	¥5,406,000	¥5,412,000	¥5,418,000	¥5,425,000	¥5,433,000
	納税額	¥876,600	¥1,621,800	¥1,623,600	¥1,625,400	¥1,627,500	¥1,629,900
	税引後キャッシュフロー	**¥2,528,491**	**¥1,732,390**	**¥1,679,945**	**¥1,627,752**	**¥1,575,512**	**¥1,523,222**

中古1棟アパート

	年数	15	16	17	18	19	20
税引前	満室想定家賃収入		¥4,500,000	¥4,477,500	¥4,455,112	¥4,432,836	¥4,410,671
	実効総収入		¥4,275,000	¥4,253,625	¥4,232,356	¥4,211,194	¥4,190,137
	運営費用		¥900,000	¥895,500	¥891,022	¥886,567	¥882,134
	NOI（純営業収益）		¥3,375,000	¥3,358,125	¥3,341,334	¥3,324,627	¥3,308,003
	元利返済額		¥2,543,126	¥2,543,126	¥2,543,126	¥2,543,126	¥2,543,126
	税引前キャッシュフロー		**¥831,874**	**¥814,999**	**¥798,208**	**¥781,501**	**¥764,877**

	項目	15	16	17	18	19	20
税引後	NOI（純営業収益）		¥3,375,000	¥3,358,125	¥3,341,334	¥3,324,627	¥3,308,003
	ローン利息		¥985,776	¥954,342	¥922,273	¥889,557	¥856,181
	減価償却費		¥7,000,000	¥7,000,000	¥7,000,000	¥7,000,000	¥6,999,999
	課税所得		¥-4,610,000	¥-4,596,000	¥-4,580,000	¥-4,564,000	¥-4,548,000
	納税額		¥-1,383,000	¥-1,378,800	¥-1,374,000	¥-1,369,200	¥-1,364,400
	税引後キャッシュフロー		**¥2,214,874**	**¥2,193,799**	**¥2,172,208**	**¥2,150,701**	**¥2,129,277**

2棟合計

年数	15	16	17	18	19	20
税引前キャッシュフロー	**¥3,405,091**	**¥4,186,064**	**¥4,118,544**	**¥4,051,360**	**¥3,984,513**	**¥3,917,999**
減価償却費	¥5,999,999	¥10,520,000	¥10,520,000	¥10,520,000	¥10,520,000	¥10,519,999
課税所得	¥2,922,000	¥796,000	¥816,000	¥838,000	¥861,000	¥885,000
納税額	¥876,600	¥238,800	¥244,800	¥251,400	¥258,300	¥265,500
税引後キャッシュフロー	**¥2,528,491**	**¥3,947,264**	**¥3,873,744**	**¥3,799,960**	**¥3,726,213**	**¥3,652,499**

土地オーナーの融資条件は優遇されやすい

　　土地活用で賃貸経営をスタートする際、建物建築費の全額を現金で出せる土地オーナーは少なく、大多数の方が融資を利用されます。

　この融資の条件は、既述の通り「借入金額」「金利」「返済期間」の3つで構成されます。そのほか、返済方法として「元利均等返済か元金均等返済か」という選択はあります。

　そもそも、手元現金が限られる場合、土地活用に必要な金額の融資を受けられなければ、土地活用・賃貸経営をスタートできません。加えて、金利が高く返済期間が短ければ、1年あたりの返済金額が大きくなるため、キャッシュフローは出ません。

　したがって、賃貸経営の収支・キャッシュフローに大きな影響を及ぼす融資は、有利な条件で受けることが重要で、そのための戦略を考える必要があると言えます。

　融資戦略を考える前に、今の融資情勢について整理しておきましょう。近年、賃貸住宅建築向け融資はかなり活況でした。

　主な理由は次の2つです。

①2015年に相続税が増税されたこと
②地方銀行・信用金庫・信用組合など全国各地の金融機関にとって融資先が限られるなか、賃貸住宅建築資金への融資は、金額が大きい、長期で貸せるという理由から魅力的であったこと

これを商機とみた大手ハウスメーカーやアパートビルダーは、土地オーナーに営業攻勢をかけ、結果としてリーマンショック以降過去最高の融資残高を記録したのです。この点については、すでに第1章で述べた通りです。

　こうしたなか、金融庁は賃貸住宅建築向け融資が特に地方で過剰に出ている状況に警鐘を鳴らしました。重ねて、不動産投資業界（不動産・建設業界、そして金融業界）において事件・トラブルが多発したことを受けて、現在の融資情勢はかなり厳格化されている状況となっています。

　繰り返しになりますが、土地オーナーのみなさんは、土地を持っているため有利な条件で融資を受けやすいと書きました。では、この厳格化された状況下でも、有利な条件で融資を受けられるのでしょうか。もしくは、土地オーナーも同様に、厳しくなっているのでしょうか。

　その答えは、「一部で厳しくなっており、一部で厳しくなっていない」です。違いを生んでいるのは、みなさんが所有している土地の立地です。具体的に言えば、地方では厳しくなっており、都市部では厳しくなっていません。

　金融庁から各金融機関への通達で、「将来の事業性をよく審査するように」との注文がついています。具体的に言えば、長期の賃貸経営で、賃料下落・空室率・大規模修繕費などすべてを考慮したうえで、きちんとキャッシュフローが回るかという視点で、より厳しく審査するようになったということです。

　ある意味、あたりまえのことですが、少し前までは前記の2つの理由が重なり、無理のある事業計画でも融資が通り、建築に至って

しまったケースも多々あったと思います。

　今後、地方は人口減少がより加速することを背景に、地方の土地オーナー向けには融資が厳しくなっていくことが予想されています。

　いくら事業者がサブリースするといっても、賃貸需要が小さくなっていくエリアではその借上賃料を保つことができず、早期の借上賃料の減額が想定されるからです。

　賃貸需要が厳しいエリアで、相続税対策で建築せざるを得ないというときには、金融機関は一定の自己資金を求めたり、追加で土地などの担保を求めたりするなどして対応しているようです。

　一方、三大都市圏のなかでも、都市部に土地を所有している土地オーナーに対しては、金融機関は積極姿勢を変えていません。賃貸需要が中長期的に見込まれること、賃料下落も緩やかなこと、建築資金分の融資だけで価値が高い土地部分についても担保が取れ、貸し倒れになるリスクが低いことなどがその理由です。

　とはいえ、以前であれば建築資金以外の諸費用も全額融資対応していたところが、多少の自己資金を求めたり、あるいは土地以外に一定の金融資産（現預金や有価証券など）を持っていることを条件にしているところもありますので、融資の姿勢には金融機関により温度差があります。

　ですから、土地オーナーが有利な条件で融資を受けるには、土地活用向け建築資金融資に積極的な金融機関をおさえることが大切であると言えるのです。

　具体的には、融資に詳しい事業者から紹介を受けるということです。

土地オーナーのみなさんにも、それぞれお付き合いのある金融機関はあると思いますが、その金融機関が土地活用向け融資に積極的でかつ良い条件を出してくれるとは限りません。

　土地活用向けに融資を出すところは、民間の金融機関からJA、公的金融機関まで多数ありますが、そもそも金融機関には得手、不得手があると私は思っています。ですから、多数の金融機関とコネクションがあり、融資事情に詳しい事業者から紹介を受けたうえで、複数の金融機関に融資相談することをお勧めします。

　積極姿勢を持つ金融機関を紹介してもらえれば、1箇所で十分ではないかと思われる方もいるかもしれませんが、複数箇所あたることで競争原理が働き、土地オーナーに有利な条件が出ることを期待しての対応です。

ベストな融資条件の選び方

　地活用を行うに際して、有利な条件で融資を受けるために金融機関を紹介してもらうと書きましたが、当然ながら理論武装したうえで交渉したほうが、より良い条件を引き出せますし、最良の金融機関を選ぶ目利きも可能になります。

　おさらいになりますが、融資の条件は「借入金額」「金利」「期間」の3つです。それぞれについて、どういった観点で選んでいけばよいか見ていきましょう。

融資条件のポイント①
借入金額

　事業計画を立てることで、必要な資金総額が出ますが、投下可能な自己資金には限りがある方が多いでしょう。ですから、借入金額を希望通り受けられるかは、土地活用をスタートできるかどうかに直接かかわってきます。

　では、金融機関はどのような審査プロセスで借入金額を決めているのでしょうか。

　基本的に、金融機関は「積算評価」と「収益還元評価」の2つの考えを持っており、片方のみで評価する金融機関もあれば、ミックスして評価するところもあります。

　「積算評価」は、土地と建物そのものの価値を評価する方法です。

◉土地の評価方法＝相続税路線価×土地面積

◉建物の評価方法＝再調達原価×建物面積

◉物件積算評価＝土地積算評価＋建物積算評価

　㎡あたりの再調達原価は次の通りになります（※金融機関により多少異なります。以下は一例です）。

RC造	19万円／㎡
重量鉄骨造	16万円／㎡
木造	13万円／㎡

具体的に計算してみましょう。

ケーススタディ

【物件】
○土地
　面積　　　　　　　240㎡
　相続税路線価　　30万円／㎡
○建物
　建物構造　　　　木造
　築年数　　　　　新築
　建物延床面積　　400㎡

【計算式】

　　土地積算価格＝30万円／㎡×240㎡＝7,200万円

　　建物積算価格＝13万円／㎡×400㎡＝5,200万円

　　物件積算価格＝7,200万円＋5,200万円＝1億2,400万円

　続いて、収益還元評価です。

　「収益還元評価」は、不動産の収益性に着目し、将来得られる収益を現在の収益から割り引いて物件を評価する方法です。物件の生み出す収益が大きければ評価額も高くなります。

　この収益還元評価には直接還元法とDCF（Discounted Cash Flow）法という2つがあります。

●直接還元法：NOI÷還元利回り

　還元利回りは、その物件の立地によって変わり、金融機関それぞれ値をもっています。外部のデータを利用するケースもあります。

　DCF法は、直接還元法のようにその時点のNOIを還元利回りで割り戻すのではなく、現在と将来に得られるキャッシュをすべて現在の貨幣価値に割り引き、その合計を物件評価額とする方法です。

　ここでは直接還元法で具体的な計算例を見てみましょう。先のサンプル物件の条件で、同物件のあるエリアの還元利回りが7％だとします。

【計算条件】

年間家賃収入　1,166万円

年間空室率　　20%

運営費　　　　230万円

 収益還元評価 ＝ (1,166万円 × (1 − 20%) − 230万円) ÷ 7%
　　　　　　　≒ 1億円

　積算評価では1億2,400万円、収益還元評価では1億円という評価額となりました。これらの評価額をもとに融資可能額を決定するのです。

　そのほか、金融機関は事業計画の妥当性についても審査します。金融機関独自で賃料や空室率、賃料下落率などをシミュレーションし、融資期間中にキャッシュフローがマイナスにならないかを確認します。もしマイナスになることが想定される場合は、借入金額を減額させ、一定の自己資金を求めるといった対応を取ったりします。

　このように、金融機関は土地オーナー所有の土地と建築予定の建物、そして収益性を総合的に判断し、借入金額を決めるのです。

　これまでにも繰り返し述べてきたことですが、金融機関からすれば、土地オーナー向けには借入金額を伸ばしやすいと言えます。なぜなら、土地部分はすでに保有しているため融資の必要はないからです。融資に必要なのは建物建築資金だけで、それでいて金融機関としては土地部分も担保とすることができます。

　土地値が高い地域の土地オーナーほど有利に借入金額を伸ばすことができると言い換えることもできます。

金利

　金利は一般的にメガバンクが低く、地方銀行、信用金庫・信用組合と続きます。

　メガバンクを利用できる方であれば、金利は1％以下で融資を受けられます。地方銀行でも土地オーナーの資産背景によりますが1％以下から1.5％程度が可能です。信用金庫・信用組合では1％台から2％台が目安となるでしょう。

　ただし、地域によっては信用金庫でも地方銀行相当の金利で対応しているところもあります。信用金庫は、地域性が強く出ると言えます。

　また、金利には「変動金利」と「固定金利」があります。固定金利は30年や35年といった長期の固定とすることは少ないでしょう。多くは3年や10年の固定金利となります。

　この固定金利を選択できれば金利上昇リスクは抑えられますが、その分金利は高くなります。賃貸経営のリスクでどこに重きを置くのかによって選択は変わってきます。

期間

　土地オーナーには、先に書いた金利に重きを置く方が多いのですが、実は賃貸経営上、返済期間は金利以上に重要な条件と言えます。

　返済期間が短いと早期に返済できることにはなりますが、中長期的な賃貸経営をするにあたって、何が起こるかわからないリスクもあります。したがって、短期間の返済期間で毎月の返済金額が高額に設定されていると、万が一のことが起きたときには、資金が

ショートしてしまう可能性があるのです。

　ですから、基本的には毎月の返済金額が抑えられる長期での融資を受けるべきです。

　金融機関における融資期間に対する原則的な考え方は、法定耐用年数以内というものです。ただしその期間には上限を設けており、多くは35年となるため、法定耐用年数47年のRC造の建物であっても、新築時に受けられる融資期間は35年が最長となります。

　木造と軽量鉄骨造は法定耐用年数がそれぞれ22年と27年となり、そのままの年数であれば毎月のキャッシュフローも小さくなります。

　しかし、賃貸住宅向け融資に積極的な金融機関のなかには、一定の条件をクリアすれば融資期間を30年や35年に延ばしてくれるところもあります。一定の条件とは、たとえば木造であれば、国が定める住宅性能表示制度に基づく劣化の軽減に関する項目で劣化対策等級3を取得することが条件となっています。劣化しにくい対策を講じることで、法定耐用年数以上の融資が可能になる、という理屈です。

　では、返済期間の違いで、毎月の返済額にどれくらいの差が出るか計算してみましょう。

借入金額	1億円
金利	1％
返済	元利均等返済
期間22年	422,138円／月
期間30年	321,639円／月
期間35年	282,285円／月

　この毎月の返済額の差が、そのまま税引前CFの差額になります。返済期間22年と35年を比べると、毎月約14万円も差が出ます。融資期間を長期にすることがいかに重要であるかよくわかります。

　可能な限り長期に融資期間を取るようにしましょう。

資産管理法人を活用する

　土地オーナーの方が土地活用をする目的で多いのは、相続税対策を施したうえで賃貸経営によるキャッシュフローを得ることですが、一部には相続税対策が不要の方もいます。すでに相続済みであったり、土地オーナーの年齢が若いなどです。

　そういった方にお勧めなのが、資産管理法人の活用です。

　具体的には、個人で土地を所有したまま、建物部分を資産管理法人の所有にするという方法です。

　建物部分を資産管理法人で所有するメリットは以下の通りです。

・税金を抑えられる
・経費の範囲が広がる
・将来的には相続税対策になる場合もある

　それぞれについて、説明していきましょう。

資産管理法人のメリット①
税金を抑えられる

　まず、不動産所得にかかる税金を抑えられる、正確には個人で所有した場合に比べ税率が低くなることが多いということがあります。

　計画する建物が大規模で家賃収入・所得が高くなる場合や、土地オーナーの本業の所得が高い場合には、土地活用によって所得

税・住民税の負担がさらに高くなる可能性があるため、より対策が必要だと言えるでしょう。

　たとえば土地オーナーの本業での課税所得が2,000万円だとして、所有土地にアパートを建築し、不動産からの所得が年間400万円になるとしましょう。

　建物を個人名義で所有した場合と資産管理法人名義で所有した場合で、賃貸経営にかかる税金を計算してみます。

☐ 個人名義の場合

　本業の課税所得と不動産所得を合わせると2,400万円の課税所得になり、適用税率は50%となります。

　不動産所得分の納税金額（所得税・住民税）は、以下となります。

📇 400万円×所得税・住民税率50%＝200万円

☐ 法人名義の場合

　法人名義の場合は、単純に法人所得として400万円に対して課税されることになります。土地オーナー個人の所得は関係なくなります。納税金額（法人税など）は以下となります。

📇 400万円×法定実効税率約30%＝120万円

　このように、個人と法人では税率が違うため、土地オーナー個人の所得が大きい場合で、さらに個人名義で賃貸経営を始めると不動産収入（不動産所得）にかかる税金が重くなる可能性があります。

　そうしたときに、資産管理法人名義で建物を保有することで、土

地オーナー個人の高い税率とは分けることができ、税金を抑えることにつながります。

経費の範囲が広がる

　資産管理法人で建物を所有し賃貸経営を行うと、事業会社と同様に社員（親族）に給料を支払ったり、既述した個人であればほぼ経費にならない生命保険などについても、法人向け保険加入により土地オーナーの身体に保険をかけることで経費にできたりと、税金の計算上、経費にできる範囲が広がり、税金を抑えることが可能となります。

　注意点としては、経費の範囲が広がることで、無駄な支出が増えやすいことです。税金を抑えるためだけの無駄な支出が増えれば、トータルで見て損をしていることも少なくないため、たとえ経費であっても本当に必要な支出なのかを考えるようにしましょう。

将来的には相続税対策になる場合もある

　土地オーナーが個人名義で建物を建築し、所有する場合、土地は貸家建付地による評価減、建物は建物建築費と固定資産税評価額の差額による評価減、および貸家による評価減により、相続税評価額が下がり、将来の相続税対策になるというのは第2章で解説した通りです。

　土地オーナーが亡くなって相続が発生すると、土地および建物は相続財産として扱われ、最終的には相続人の誰かが相続し所有することになります。

　そのとき、評価減があるとはいえ、土地・建物は相続財産として

相応の金額となり、相続財産全体の金額が大きい場合は、引き継ぐ相続人に税金がかかります。

　一方、資産管理法人で建物部分を所有する場合には、子など将来の相続人を同法人の出資者とすることで、建物ははじめから法人を介して相続人が所有することになり、土地オーナーの相続財産から外れます。ただ、土地オーナーとしては、貸家建付地による評価減のみ利用できる形となり、建物部分の評価減は利用できません。

　土地オーナー個人名義で建物を建てるのがいいか、将来の相続人が出資者となる資産管理法人名義で建物を建てるのがいいか、保有財産全体を踏まえて判断するのがよいでしょう。詳しくは税理士などの専門家と相談してください。

コラム　不動産業界がテクノロジーにより進化するなかで、考えるべきこと

　テクノロジーの進化によって、あらゆる業界で業務効率化や生産性の向上が起きていますが、不動産業界も例外ではありません。土地オーナーのみなさんが土地活用として賃貸経営を行っていくならば、この不動産業界で起きている変化を頭に入れておく必要があるでしょう。

　というのも、後述する不動産業界の変化についていけない事業者や管理会社をパートナーとして選んでしまった場合、最も損を被るのは土地オーナーだからです。

　たとえば、中長期的な賃貸経営をするなかで、いつのまにか空室損が増えていったとします。パートナーである管理会社にその理由を尋ねると、「日本は人口が減っていますから」とか「エリア内で競合する物件が増えましたからね」などと適当な要因を言われたとします。しかし、実は管理会社がテクノロジーの進化による変化についていけていないことも要因の1つであるケースがあります。場合によっては、業界の変化に置いていかれていることに気づいてすらいないこともあるでしょう。

　賃貸経営に関することであれば、IoTと呼ばれるモノとインターネットがつながることで、スマホなどを通じて遠隔で家電を操作したり、セキュリティ

監視ができるようになっています。空室時には、賃貸仲介会社の営業担当が立ち会うのではなく、スマートロックとアプリを用いて、入居希望者が自身で自由に内覧できるという取り組みもあります。

こうした設備やサービスを導入することで、入居希望者への訴求力は高まる可能性があります。別の見方をすれば、"あることが当たり前"という状況下になったときに、何も対処していなければ、気づかぬうちに空室損がかさんでいくということです。

テクノロジーの変化に合わせて、法整備も進んでいます。賃貸借契約においては以前であれば、宅地建物取引士が対面で重要事項説明をする必要がありましたが、2017年10月より、「IT重説」ということでビデオツールを活用して行うことが認められました。今後、さらに法整備が進めば、紙に印鑑を押すのではなく電子サインが認められ、対面をせずに契約手続きが済むようになるでしょう。入居者および賃貸仲介会社・管理会社の手間が大きく減ることになります。

手間が減れば生産性が上がります。すると、よりオーナーの利益につながることに力を割けるようになります。

実際、当社も賃貸管理の実務で、事務作業をRPAと呼ばれるPC上の事務作業を自動化するシステムを開発・活用することで、作業時間を大幅に削減しています。たとえば、入居者募集業務において1件（部屋）あたり30分の作業時間がかかっていたもの

が、作業時間ゼロを実現しています。

　こういった取り組みにより、空室情報をすぐに世間に広く周知することができます。インターネットがあたりまえという現代社会では、その30分というロスタイムに、入居者が決まっていたかもしれません。そうした入居までのスピード感は、これからますます加速していくことを考えると、旧態依然とした管理会社と手を組むことがいかにリスキーであるか、想像に難くないでしょう。

第 **4** 章

賃貸管理を成功させるには、サブリースに頼ってはいけない

賃貸経営に「賃貸管理」の 知識が必要な理由

前章で説明した不動産投資の原理原則と同様に、土地オーナーのみなさんが賃貸経営をするうえで頭に入れておいていただきたいのが「賃貸管理」のことです。

賃貸管理は、大きく分けると「入居者募集」「建物メンテナンス」「家賃回収」「入居者対応」などがあります。

土地オーナーのなかには、賃貸アパート・マンションを建築すれば賃貸経営はまったく考えなくてよいと思われている方もいらっしゃいます。しかし、実際には、所有する土地に建物を建てたときが賃貸経営の始まりです。第3章で詳述した建築プランや初期設定は、賃貸経営を成功させるための必要条件ではありますが、十分条件ではないのです。

子や孫に大切な土地を継承していくためには、20年、30年という長期にわたって賃貸経営を遂行していく必要があります。それには本章で詳述する賃貸管理をしっかりと続けていくことが求められるのです。

とはいえ、必ずしも賃貸管理のすべてを自分で行うという意味ではありません。大事なのは、賃貸管理についての基本知識を頭に入れたうえで、賢い選択を取っていくことです。

会社経営者を思い浮かべるとわかりやすいかもしれません。たとえば家電メーカーであれば、商品開発から設計、製造、販売と

いった業務がありますが、そのすべてを経営者が自らしているわけではありません。社員を雇ったり、外部の専門業者に仕事を任せたりすることで、会社を回します。だからといって開発、設計、製造、販売にまったくの無知であるわけではありません。

　きちんと基本や原理原則をおさえたうえで、重要な局面では決断をしているわけです。土地オーナーのみなさんも賃貸経営の経営者として意思決定していくことが求められます。

ほとんどの土地オーナーが契約してしまうサブリースの危険性

問 題なのは、賃貸管理の基本や賃貸経営の原理原則について、「学ぶ必要はない」と思い込ませるケースがあることです。なぜそんなことをするのかは明々白々で、建築を受注することで利益を出す事業者が「建築の背中押し」をするためです。

> 「土地をお持ちの○○さんならば、何もしなくてもお金が入ってきますよ」
> 「我々にすべて任せておけば安心です」

かつて土地活用の業界では、このような営業トークがよく見られました。「何もしなくても」や「すべて任せて」といった常套句は、すでに説明してきた通り、そのほとんどがサブリース（一括借上、家賃保証）を根拠としている言葉です。

もちろん土地オーナーのなかには、その言葉を鵜呑みにするのではなく、別の事業者にも話を聞く人もいます。

しかし、たとえ複数の事業者に相談し、見積もりを取ったとしても、ほぼ100％の確率で、サブリース前提の提案しか出てきませんでした。土地活用の業界スタンダードであったからです。

そうした状況下で、土地オーナーの方々は「土地活用といえばサブリース」と思い込んでしまっていたフシがあるのです。

これは大いに由々しき事態でした。土地活用を賃貸経営という

事業とみなさず、大手ハウスメーカーやアパートビルダーといった事業者を信頼しきっている、言い換えると、まったくの無勉強のまま賃貸経営という事業に取り組んでいるということで、非常に危うい道を歩んできたわけです。もちろん人口が増加していた時代であれば、賃貸需要が増え続けてきた、あるいは維持されてきたため、結果的に良い土地活用もありました。しかし、賃貸住宅が市場に溢れ、人口も減少フェーズに入った今、そう事は簡単に運ばなくなったのです。

サブリースによる一括借上とはどういうことか

そもそも、賃貸経営のなかで、サブリースがどういう位置づけなのか把握することすらできていない人も少なくありません。

　繰り返しになりますが、本来、賃貸経営ではやるべきことが多岐にわたります。土地オーナーであれば、建物を建てることはもちろんですが、その後も入居者募集、建物メンテナンス、入居者対応などの「賃貸管理」が必要です。

　サブリースは土地オーナーから事業者が建物を一括で借り上げるかわりに、賃貸管理を一手に引き受けるやり方なのです。言い換えれば、サブリースというのは、賃貸管理をすべて業者に任せる（丸投げする）ことと同義なのです。

　とはいえ、一般的な賃貸経営において、賃貸管理を外部の業者に委託することは、特段に珍しくありません。8割の不動産オーナーは、管理会社に任せています。

　つまり、賃貸管理にまつわる業務を委託することが悪いわけではないのです。オーナーが思考停止に陥るような、サブリースという甘い言葉を使った説明や将来のリスクが伏せられた営業トークが問題なのです。

　30年同額賃料の借り上げではなく、賃料相場に併せて借上賃料自体は減額する前提の30年契約であること、数年ごとに賃料減額交渉が入ること、条件が合わなければサブリース契約が解除になる場合もあることといったリスクが、事業者側からオーナーに対

して、きちんと伝えられていません。

　当社としては推奨しませんが、最終的にサブリースを選ぶにしても、本章で説明する賃貸管理や前章で言及した不動産投資における原理原則について、オーナー自らも一定の理論武装をしておくべきなのです。

図表40　サブリースの仕組み

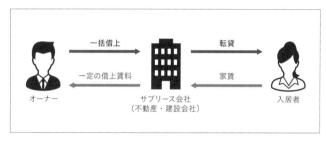

サブリース会社が物件を満室家賃の80〜90%程度で
オーナー様から一括で借り上げることで家賃収入を保証する

サブリースと一般管理の手間はまったく変わらない

賃貸管理の方法は、大きく分けて3つあります。自主管理、サブリース、一般管理（委託）です。

1つ目は自主管理です。オーナーやその近親者が自ら管理を行う方法です。メリットはなんといっても管理会社に支払うお金がかからないことです。しかしそれ以上に手間がかかることがデメリットです。実は、私自身、もともと土地を持っていない不動産投資家なのですが、初めて物件を購入したときには自主管理にチャレンジしました。実際やってみると、非常に手間と時間がかかり、結局、管理会社に委託することになりました。すでに賃貸経営を自ら行ったことのある経験者か、時間が十分取れる方以外はあまり推奨できるものではありません。

2つ目は先にもあげたサブリースによる一括借上です。メリットは手間がかからないことですが、一方でお金がかかります。家賃収入のうち、実質10〜20％が手数料として事業者側に支払われる形となります。

3つ目が管理会社に委託する一般管理です。サブリース同様、手間がかからないことがメリットです。管理手数料として管理会社に家賃の3〜5％程度支払う必要があります。多くの土地オーナーがサブリースは手間がかからないが、一般管理の場合は手間がかかると思っていますが、一般管理も管理会社に賃貸管理全般を任せられるので手間はかかりません。

サブリースを選んだ場合と、一般管理ではほとんどそのメリッ

トは変わらないのですが、デメリットは異なります。前述の通り、サブリース契約を選んだ場合には、必ず数年おきに賃料減額交渉が入ります。また、競争力が高く最も高い家賃が取れる新築時は、サブリース事業者が利益を取ることで機会損失となってしまいます。新築時は、わざわざ一括借上という高い手数料が発生する方法を選ばずとも、入居者は一般管理ないしは自主管理でもきちんと入ります。むしろ、新築時にすら入居者がつかないのであれば、そもそもその賃貸経営プランは、間違っているということになります。

図表41　サブリースと一般管理の比較表

	サブリース	一般管理
メリット	・空室の有無にかかわらず保証された借上賃料を受け取れる ・賃貸管理の煩わしさがない	・最小限の費用を管理会社に支払えばよく利益を最大化しやすい ・賃貸管理の煩わしさがない（サブリースと同じ）
デメリット	・管理会社（サブリース事業者）に支払う費用が高額 ・共益費を受け取れない ・借上賃料は数年に一回減額になる（契約期間は30年など長期だが借上賃料は必ず減額になる）	・空室発生により家賃収入に変動が生じる

　以上より、当社で推奨しているのは一般管理です。依頼すれば、建物のメンテナンスもすべて行ってくれます。土地オーナーが行うことは、空室が発生した際に「どういう条件で募集するか」といったことの判断です。それも管理会社からの提案に対してYES or NOで答える程度ですので、大きな手間ではありません。

そもそも、この業界でサブリース、つまり転貸が始まったのは40年ほど前です。その時代は、需要に対して賃貸住宅が不足していましたので、家賃下落も空室リスクも今ほど大きくなく、儲けがある程度あったからこそ成り立っていた部分もあったのですが、賃貸住宅が溢れ、人口も減少フェーズに入った今、同じやり方でうまくいくはずがありません。

サブリースをすると本来得られるお金を失う

実は、一般管理に比べたときのサブリース一括借上のデメリットは、ほかにもあります。

代表的なのが共益費です。たとえば賃料70,000円、共益費8,000円の物件があったとします。一般管理の場合、賃料と共益費の合計額78,000円から管理会社の手数料5％（ここでは税込とする）を控除した74,100円がオーナーの手元に入ります。

一方、サブリース（借上率90％）の場合、入居者が支払う家賃70,000円からサブリース事業者が10％相当の報酬を得て、オーナーは63,000円を得ることができます。そして、共益費8,000円についてはサブリース会社がそのまま懐に入れてしまうのです。

これは共益費は賃料ではないのでオーナーに渡す必要がないという考え方のようです（入居者が家賃と共に支払っているにもかかわらずです）。本来であれば共益費もオーナーがもらうべきなので、一般管理とサブリースの差はこういったところでも大きくなるのです。

土地オーナーの1室あたりの手取りの差は、

 一般管理74,100円 − サブリース63,000円 = 11,100円

となります。

仮に部屋数が20戸の建物だった場合、その差は月間22万2,000円、年間で266万4,000円にもなるのです。

　サブリース事業者側に免責期間が設けられることもあります。一括借上をしてから始めの3ヵ月間は、入居の有無にかかわらず賃料の支払いは発生しないという契約になっているのです。たとえば4月1日からサブリース契約が始まるとして、実際に借上賃料をオーナーに支払うのは6月分からということは、珍しくありません。その免責期間中に得られたであろう賃料・共益費はまるまるサブリース事業者が得るという構図になっています。

　修繕費の問題もあります。修繕費の取扱いはサブリースの契約内容によって、事業者が負担する場合とオーナーが負担する場合があります。仮に事業者が負担する契約だと、サブリースの借上率は80％程度まで下がることが多いです。事業者側は「修繕費の心配がなくなります」と説明するかもしれませんが、新築の場合、そもそも最初の10〜15年は費用がかさむ設備の更新はないですし、仮にあったとしても、設備ごとに法律（住宅の品質確保の促進等に関する法律等）で定められた保証期間内であれば、事業者である施工会社の責任となります。
　つまり、サブリース契約において修繕費を事業者側に負担させる理由はないのです。修繕の発生有無にかかわらず、お金だけ取られているのが実態なのです。
　もちろん入居者が替わる際などに、クロス（壁紙）の張替えなどが発生することもありますが、新築から年数が経っていない建物であれば、入居者が破損した可能性が高いでしょう。そうであれば、入居者負担で直すことが可能です。

一方、「修繕費はオーナー負担」というサブリース契約も少なくありません。このときにも、是が非でも建物を建てさせたい事業者側は、その内容をきちんと説明していないケースが散見されます。実際、事業者が提案してくる事業計画書のなかには、修繕費が考慮されていないものがあるので、注意が必要です。

一般管理には「仲介管理混在型」と「管理専業型」の2つがある

こ　こまで見てきた通り、お勧めの賃貸管理の方法は一般管理となります。この一般管理について補足説明をします。

一般管理は、「管理会社」と呼ばれる事業者に管理を委託することですが、管理会社はその業務構造によって、「仲介管理混在型（以下、混在型）」と「管理専業型（以下、専業型）」の2種類に分けられます。

自社で賃貸仲介店舗を構えつつ賃貸物件の管理を行うのが混在型で、自社仲介店舗を構えず管理に特化しているのが専業型です。

土地オーナーからすると、混在型にはいくつかの問題があると言えます。混在型はオーナーと入居者の間に立ちますが、そこでは利益相反の関係となります。つまり、土地オーナーはなるべく高い家賃で貸したいと考える半面、入居者はなるべく安く借りたいと考えています。管理会社はその両者の調整役という構図になります。裁判でたとえると、原告側と被告側の弁護士が同じということで、米国などでは、基本的にオーナー側と入居者側が同じエージェント（事業者・管理会社）であることは法律で禁止されています。

ほかにも、混在型は自社が管理する物件を競合する他社（同様の混在型や賃貸仲介専業会社）に入居者募集に関する情報を提供するインセンティブが弱いという問題も抱えています。なぜなら、賃貸仲介という側面で見れば、他社は入居検討者獲得競争においてライバルになるからです。自社で管理している物件を、あえてライバルである他社に紹介してくださいと情報提供することはしない

ということです。彼らにとって、空室情報は商品なので当然の行動になりますが、土地オーナーにとっては不利益になります。

　結果、その混在型の店舗に来店する限られた人に対してのみ物件が紹介されるため、入居者決定まで時間を要する確率が高まるのです。

　一方、基本的に賃貸仲介業務を行わない専業型は、管理業務に徹した業者です。オーナーから物件を預かり、仲介店舗は構えない形で入居者募集を行ったり、家賃回収などの既存の入居者管理や原状回復・メンテナンスといった建物管理をしていきます。

　重要なのは、専業型は混在型に比べて、土地オーナーの代理人として仕事をするという性格が強い業者だという点です。

　たとえば入居者募集においては、仲介手数料に固執することがないため、物件情報をその物件が立地するエリア狭域・広域のすべての仲介業者に流通させ、広い間口で募集をかけます。その結果、入居者は早く決まることになります。

　家賃交渉などが入った場合にも、専業型はオーナー側の代理人・エージェントとして、入居検討者側のエージェントである賃貸仲介業者と交渉を行う構図となりますので、よりオーナーの利益を守るという立場で動いてくれます。

　では、常に専業型管理会社を選べばよいかと言えば、それは物件所在エリアによって異なります。都市部では専業型、地方では混在型となります。

　都市部には多数の賃貸仲介業者があるので、各社に広く情報を行きわたらせることが空室対策に有効であるため専業型がいいです。

一方、地方は賃貸仲介業者が少なく、一部の混在型管理会社がその地域での高いシェアを握っているため、その混在型管理会社のなかで優先的に案内してもらうことに注力したほうがいいため専業型は不向きと言えます。

図表42　混在型と専業型の違い

混在型

自社の仲介店舗

入居者
募集活動

間口が狭く、空室が長期化

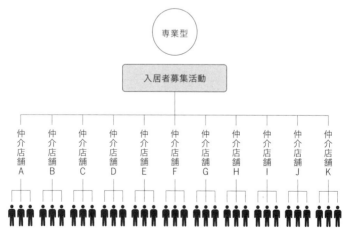

専業型

入居者募集活動

| 仲介店舗A | 仲介店舗B | 仲介店舗C | 仲介店舗D | 仲介店舗E | 仲介店舗F | 仲介店舗G | 仲介店舗H | 仲介店舗I | 仲介店舗J | 仲介店舗K |

幅広く募集活動ができ、早期満室が可能

満室経営を目指すうえでの 4つの基本原則

混在型の管理会社と手を組むにせよ、専業型の管理会社と手を組むにせよ、賃貸経営の成否を分けるのは、入居付けとも呼ばれる入居者募集です。

　もちろん実際に入居者募集を行うのは、自主管理でない限りは、管理会社側となりますが、満室経営を目指すうえでは土地オーナーのみなさんも基本原則は頭に入れておくべきです。

　その基本原則とは、「幅広い周知活動」「賃貸仲介業者との密なリレーション」「適正相場賃料での募集」「清潔感のある部屋づくり」の4つになります。

満室経営のための基本原則①
幅広い周知活動

　入居者募集をスムーズに進めるために必要なのは、1社でも多くの賃貸仲介店舗に物件を周知することです。

　具体的には、国土交通省の指定を受けている全国4つのエリアの不動産流通機構が運営する「レインズ」というネットワークシステムや「アットホーム」「ライフルホームズ」「SUUMO」「Yahoo!不動産」といった不動産ポータルサイトに物件情報を登録すること、マイソクと呼ばれる物件概要をまとめた資料や空室一覧表を定期的にファックスやダイレクトメールで送信したり、直接の訪問や電話などで賃貸仲介業者に情報を伝えます。それによって、賃貸仲介業者を訪れた人のなかから、入居希望者が現れる可能性が高ま

るのです。

　こうした周知活動は、すでに書いたように、構造的に混在型よりも専業型のほうが積極的です。

　しかし、専業型の管理会社にこうした幅広い募集活動をしてもらえば十分だというわけではありません。各仲介業者に物件をきちんと認識してもらい、さらに入居検討者におすすめ物件として紹介してもらわなければならないからです。

　そもそも、仲介業者には、数多くの物件情報が流れてきます。情報が届いていることと、きちんと認知されていることは同義ではありません。オーナーのみなさんが考えている以上に、物件の認知度は低いものです。

　実際に自ら業者をまわって、賃貸仲介営業マンにヒアリングしてみると、おすすめ物件として紹介してもらうことの難しさがよくわかると思います。満室経営を実現するためには、その物件があるエリア・沿線の賃貸仲介業者に、物件の詳細と現在の空室数をきちんと認知してもらうことが大切です。

満室経営のための基本原則②
賃貸仲介業者との密なリレーション

　これは、先に記した①の情報の周知活動を補足する役割となりますが、賃貸仲介業者との密なリレーションを築くこともポイントになります。

　①の周知活動の基本に加えて、専業型の管理業務を行っている当社の事例もお伝えします。

　当社では名刺管理システムと連動し、過去に当社担当と名刺交

換した賃貸仲介営業マンすべてに対してメールやファックスで情報を提供しています（賃貸仲介の現場では今でもファックスを使っているところが多いのです）。

　さらに、仲介業者の営業担当者への直接の訪問が極めて有効であり当社では最重要視しています。

　定期的な訪問を継続することによって、きちんとした人間関係を築いています。こうした地道な作業は、物件を優先的にすすめてもらうための一因となるのです。

　他社においても、同じように訪問活動を重視している管理会社はありますが、当社ほど時間と労力を割いているところはないと自負しております。圧倒的な量の仲介業者への訪問を実施しています。物件のある限られたエリアだけでなく、最寄り駅周辺、至近のターミナル駅やその沿線も含まれます。

　デジタルの時代が最盛期をむかえている今だからこそ、こうした地道な訪問活動が実を結ぶと考えています。というのも、この業界は人間関係を重視する世界だからです。管理会社の担当者が賃貸仲介業者と真の信頼関係を築いていれば、自ずとその担当者が扱う物件は優先度が高まると、当社は考えています。

　さらにいえば、レスポンスの速さもこの業界で人間関係を築くうえで特有の評価軸になります。ですから、とにかく担当者はすぐに電話に出られるよう気を配っています。

　入居希望者を物件へと案内する賃貸仲介業者の営業マンは、歩合制で給与が決まる人が多いこともあって、瞬発力が試される仕事です。現場にいる彼らは、「あと家賃が2,000円安かったら決めたい」「設備として付いているエアコンさえ古くなければ最高なのに」といった入居希望者の条件交渉や要望を聞く立場にあります

が、そうした際、スピード感をもって管理会社に確認が取れるかどうかは、成約率に直結すると言えます。

　ですから、営業マンの心証を良くするためにも、いつでもすぐに電話ができるようにしているのです。

　そのほか、当社の賃貸管理業務システムと連動させることで、常に最新の空室状況と募集条件、そして成約時に賃貸仲介業者に支払われることになる広告料などをスマホやタブレット、パソコンで逐一確認できるようにしています。

　加えて当社のホームページでは、賃貸仲介に必要なさまざまな書類のひな形をダウンロードが可能で、実際の入居申込もホームページからダイレクトにできるようにしています。スピード感をもって接客中の見込み客をクロージング（成約）まで持っていける便利なツールになっているのです。

　つまり、優先的に扱いたくなるような管理会社であることを最重要視しているということで、逆に言えばそういった体制をいかに作るかということが、管理会社だけでなく、土地オーナーにも求められるのです。

　具体的に言えば、彼らが望んでいるものを叶えることです。それは、単刀直入に言うと、売上（お金）です。賃貸仲介業者の売上とは、入居者が支払う仲介手数料と、土地オーナーが支払う広告料です。このうち仲介手数料は宅建業法で上限が決まっており、差別化を図るのは難しいため、キーとなるのは広告料でしょう。

　この広告料を多く支払えば、入居付けに有利になります。しかし、とにかく多く支払えばいいというものでもありません。費用対効果を考えれば、限度もあります。広告料を1ヵ月分多く支払うことと、空室が1ヵ月長期化することでは、どちらが得なのかをきちんと考えなくてはいけないのです。

通常、入居者が決まった際にオーナーが賃貸仲介業者に支払う広告料は、一部を管理会社が受領します。しかし、なかには当社のように、オーナーから受け取った広告料の全額を仲介業者に支払う管理会社もあります。これによって、その管理会社の物件の優先度は高まっていきます。

　ですから、土地オーナーのみなさんとしては、広告料についてむやみに高額にするのではなく、仲介業者との密なリレーションを重視している管理会社と膝を突き合わせて相談することが大事なのです。

満室経営のための基本原則③
適正相場賃料での募集

　少し大きめの書店に行くと、空室対策や満室経営に関する本がずらりと並んでいる棚を目撃することでしょう。そうした本のなかには、高額なフルリノベーションやデザイン性を重視したリフォームを提唱するものもありますが、これは正しいとは言えません。

　いくら物件の見た目を良くし、部屋や設備のグレードを高めても、相場賃料から大きくかけ離れた家賃では、入居者が決まる可能性は限りなく低いからです。

　あるエリアで、最寄り駅から徒歩10分新築の2LDKのマンションであれば、賃料の相場は自ずと決まってきます。たとえば、相場賃料は建物グレード・構造により10〜15万円だとします。そういったマーケットにおいて、ハイスペックな設備を入れたとしても、その高い工事費用の影響で賃料を20万円にせざるを得ないとなれば、それは相場から大きく外れた条件となるため、設備を入れたことがそもそも誤りなのです。

もちろん賃料は高いに越したことはありませんから、入居者募集の際は、相場賃料のなかでぎりぎりまで高い金額を狙うことが必要になってきます。

　では、適正な相場賃料のレンジを知るためには、どうしたらいいのでしょうか。最も簡単で土地オーナーでも利用しやすいのは、賃貸住宅のポータルサイトをチェックすることです。大まかな相場賃料が把握できます。ただし、インターネットの情報は、物件を貸す側の希望する賃料であって、入居者が希望する賃料、あるいは入居が決まる賃料であるというわけではないことは頭に入れておきましょう。

　したがって、実際の成約価格の把握も欠かせないと言えます。その具体的な方法は、賃貸仲介営業マンや管理会社に聞くことです。経験が豊富で、今も現役で現場を見ている営業マンは、生の声を教えてくれますし、管理会社からは賃貸経営のバランスも考慮した意見をくれます。その際は、適正相場賃料だけでなく、入居者が決定した際のエリア内での平均的な広告料も聞いておくと、より良いと言えるでしょう。

満室経営のための基本原則④
清潔感があって、時代の変化に耐えうる部屋づくり

　これまでの3つの原則から、満室経営をするためには、いかにパートナーである管理会社と賃貸仲介事業者ならびにその営業マンの存在が大事であるか、よくわかっていただけたでしょう。

　とはいえ、物件自体の魅力・競争力も伴わなければなりません。最終的に「ここに住みたい」と決断するのは営業マンでも管理会社でもなく、入居検討者だからです。賃貸物件を探している人の目線も考慮して、部屋づくりをするべきだということです。

そう言うと、魅力を高めるために設備や仕様はハイスペックであるほどよいと考えがちですし、建物を建てるアパートビルダーやハウスメーカーとしては少しでも建築費を上げたいという思惑があるので、高い仕様の設備を土地オーナーに提案してくるでしょう。

　しかし割高の建築費は、相続税対策と収益性を両立させた中長期的な賃貸経営を目指す土地オーナーにとって大敵となります。

　高い建築費が仇となって返済計画が破綻し、任意売却案件として当社に回ってきた物件は複数あります。実際そういった物件は、抵当権を見ると概ねわかる融資条件から推察すると、初期の段階から収支の厳しい計画だったことがうかがえました。

　大事なのは、グレードよりも清潔感です。ぱっと見たときの印象です。なぜなら賃貸住宅に住もうと考えている人は、自分で購入するわけではないため、5〜10分程度の内見で物件の良し悪しを見極めようとするからです。

　そして、短期的な収益に重きを置きがちな一般投資家と異なり、中長期的な賃貸経営を志向する土地オーナーのみなさんであれば、時代の変化に耐えうるスタンダードな部屋づくりということも重要です。たとえば「3点ユニットバス」と呼ばれる、浴槽とトイレが1つにまとまったものがあります。今、この設備は古臭い部屋の代名詞となっていますが、30年、40年前には、欧米のホテルのような設備として羨望の対象でした。一方、流行り廃りが早そうなキッチンですが、実はこの10年ほどは質感や資材のスタンダードに変化はほとんど見られません。

　何が言いたいかというと、なるべく流行り廃りのあるものは取り入れるべきではないということです。長くスタンダードなもの

ほど、中長期的な賃貸経営に相応しいのです。逆張りで、10人のうち9人が断るけれど、1人からは熱烈に愛されるというようなニッチを狙う方法もないことはないですが、それは1棟目から選ぶにはややリスクが大きいと言えるかもしれません。

当社の施工した物件の室内写真

信頼できる事業者・管理会社を 見極める5つのチェックポイント

こ こまで見てきたように、土地オーナーのみなさんが賃貸経
営を行ううえで、お勧めなのは一般管理であり、その物件が
都市部にあるのなら専業型、地方にあるのなら混在型と相性が良
いということが言えます。しかし、これはあくまで傾向の話であっ
て、すべての業者に当てはまるわけではありません。

　そこで、本当に信頼に足る事業者・管理会社なのか、土地オー
ナーのみなさんのパートナーとして相応しい相手なのか、見極め
るためのポイントもいくつか紹介していきます。

　なお、ここでは管理会社のみならず、建築事業者も含めた見極め
ポイントとしていますが、それには理由があります。土地活用で賃
貸経営を始める場合、建築のパートナーがそのまま管理のパート
ナーにスライドして、お付き合いが続いていくケースが多いから
です。土地活用の業界では、建築だけして管理はしないという事業
者は稀であるということです。

図表43　信頼できる事業者・管理会社のチェックポイント

> ☑ サブリース前提で土地活用の事業計画を提案してきていないか
> ☑ 相続税対策であっても収益性のある事業計画を提案してくれているか
> ☑ 賃貸経営のリスクを事前に説明してくれているか
> ☑ 多様な金融機関との取引があり紹介してくれるか
> ☑ 税務知識は豊富か

ポイント①
サブリース前提で土地活用の事業計画を提案してきていないか

　前述の通り、本来であればサブリース自体は不要です。それは新築という一番家賃が高く、入居者募集も容易であるときにサブリースしてしまっては、本来得られる収益機会を失ってしまうからです。

　サブリース前提で提案してくるということは、賃貸経営のリスクをあいまいにし、土地オーナーを間違った方向に安心させる甘い言葉をかけていると思ってください。サブリースではない一般管理の方法が大前提で、手取り収入を減らしてでもサブリースによる借り上げ・家賃保証の心理的負担が少ないことを望む場合のみサブリースも検討するようにしてください。

　繰り返しになりますが、サブリース前提の提案は土地オーナーの思考を停止させる危険性があることをよく理解しましょう。

ポイント②
相続税対策であっても収益性のある事業計画を
提案してくれているか

　これも前述の通りなのですが、中長期にわたる賃貸経営におい
ては、収益性が高くなければ永続的に経営を維持できません。新築
時の賃料がずっと続くことはなく確実に下落しますし、建物が古
くなっていけば空室期間も長くなりますし、外壁・屋上防水などの
大規模修繕費、室内の設備の更新などの費用が確実にかかります。

　収益性がない事業計画を提案してくるということは、その事業
者がその場限りの建築請負契約を締結したいだけで、土地オー
ナーとその親族の将来のことまできちんと考えられたものだとは
言えません。仮に、「親身になって考えている」というふうに見え
たとしても、それは誤りです。本当に親身になっているのであれば、
収益性を担保した提案になっているはずです。

　もし所有する土地が、立地の問題で収益性が上がらないのであ
れば、建築することを勧めない。そのくらいの事業者・管理会社で
なければ信頼できるパートナーとしては失格です。

ポイント③
賃貸経営のリスクを事前に説明してくれているか

　以前よりは減りましたが、いまだにリスクを説明せず事業計画
の提案をして工事請負契約まで進めようとする営業担当者がいま
す。
　「土地オーナーさんは何もしなくても勝手に家賃収入がずっと
入ってきますからリスクは一切ありません」といった具合の営業
トークです。

これまで書いてきた通り、いくらサブリースによる家賃保証があったとしても、賃貸経営のリスクがなくなることはありません。賃料下落リスクや空室リスクはサブリースであっても発生するのです（サブリース保証賃料の減額交渉や、契約打ち切りなど）。

　したがって、土地活用の事業計画時から、想定される賃貸経営のリスクを土地オーナーは知らなければなりません。自ら調べるのも大切ですが、当然ながらそこには限界があります。ですから、賃貸経営のパートナーである事業者・管理会社からの事前の説明・開示が必要です。

　事業計画時から工事契約に至るまでの間に、事業者側からリスク説明の有無があるかどうかは、信頼できるパートナーであるかの重要な確認ポイントになります。そのリスクの内容についても、明確に文章と口頭で十分時間をかけて行っているのか、きちんと見分けることが大切でしょう。

ポイント④
多様な金融機関との取引があり紹介してくれるか

　土地活用をする際、多くは金融機関から融資を受けますが、そのときの融資条件が土地活用の成否を決める大きな要素の1つとなります。

　有利な条件で融資を受けるには、その地域ごとでどの金融機関がいいのかをよく知っておくことが重要ですが、それを土地オーナーが独力で行うのは現実的ではありません。そこでポイントになるのが、事業者・管理会社からの紹介です。

　土地活用に関する融資事情をよく知る事業者・管理会社を通じて、金融機関に融資打診するのが近道となるということです。

　金融機関の融資姿勢は常に一定ではなく、数ヵ月単位で変わる

ことが普通にあります。たとえば、以前であれば全額融資が可能で
あったのに、急に一定の自己資金が必須になる、といった方向転換
はざらにあります。そういった状況をタイムリーに把握している
事業者が理想だと言えます。

　判断基準としては、その事業者が各地域の金融機関と取引をし
ているかどうかです。ここでいう取引はただ銀行口座があるとい
うことではなく、融資を受けて取引しているかどうかということ
です。

　事業者自体が融資取引をしているということであれば、事業者
と金融機関は定期的にやり取りが発生していることになります。
したがって、高い確率で、金融機関の担当者や経営層との信頼関係
ができていると言えます。

　そうした関係性のなかで、現在の融資姿勢もタイムリーに把握
でき、土地オーナーに対してその時々でのベストな金融機関を選
定し、紹介できるのです。

　この融資取引の有無は会社のホームページを見ただけではわか
らないので、営業担当者にどの金融機関と取引しているか、直接聞
いてみることをお勧めします。

ポイント⑤
税務知識は豊富か

　実務は税理士が行うにしても、事業者には税金に関する高い専
門的知識が求められます。

「所有土地に賃貸アパート・マンションを建築して賃貸経営をす
れば相続税対策になります」と言って土地オーナーに営業をかけ
る事業者は多いのですが、その土地と建築する建物でいくらくら
い相続税評価を圧縮できるか、という内容のみの提案になってい

ることが多いようです。仮に相続税対策をするのであれば、土地のみならずすべての財産に対して効果的な対策になっているかを検討するアプローチが必要です。なぜならそれが土地活用の初期設定に大きくかかわってくるからです。ここでいう初期設定とは建物ボリューム・金額となります。たとえば、相続税対策として必要な建物ボリュームをはるかに超える大きい建物を建ててしまうこともありうるわけです。それは当然、借り入れも大きくなるという事です。

そのほか、物件所有後の賃貸経営においても税務知識が必要となります。一例をあげれば、修繕費について一括で経費にできるかどうか検討し、内容を提案してくれるかどうかなどです。

賃貸経営は建物建築前のみならず、保有後の賃貸経営時も税金との闘いです。賃貸経営の一番のコストは税金だからこそ、事業者には高い税務知識が求められるのです。

管理会社に求められるのは賃貸管理だけではなく資産管理

　第4章では、賃貸管理の重要性について説いてきました。そのなかで、賃貸管理を任せる管理会社は、仲介管理混在型ではなく、管理専業型を選ぶべきだということを説明いたしました。その理由は、管理専業型のほうが賃貸経営で利益を出しやすくなるからということでした。

　実は、管理専業型のなかには、土地オーナーの利益を最大化するという点を突き詰めている管理会社もいます。当社もその1つで、プロパティマネジメント型賃貸管理（PM管理）と言います。

　当社は2013年の立ち上げ当初より、このプロパティマネジメント型管理手法を最重要視してきました。

　PM管理の業務範囲は多岐にわたります。賃貸経営における業務（入居付け、リフォーム、既存入居者管理、建物管理）はもちろんですが、建築・購入前の土地活用ポートフォリオの設計、建築のサポート（建築プランの選定・融資コンサルティング）、税務関係のサポート、収支報告業務といった業務までトータルで行います。

　その位置づけとしては、賃貸管理というよりも、資産管理であるといって差し支えないと思います。特に土地オーナーのみなさんにとっては、相続税対策

と収益性の確保の両方を実現することが目的ですから、PM型管理会社をパートナーに選ぶことは、土地という資産を有効に活用し、後世に継承していくためには必須であると言えます。

図表44　PM型管理会社の図

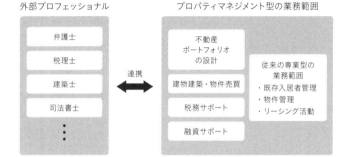

外部プロフェッショナル　　　　プロパティマネジメント型の業務範囲

| 弁護士 |
| 税理士 |
| 建築士 |
| 司法書士 |

連携

| 不動産ポートフォリオの設計 |
| 建物建築・物件売買 |
| 税務サポート |
| 融資サポート |

従来の専業型の業務範囲
・既存入居者管理
・物件管理
・リーシング活動

これからの厳しい賃貸経営環境下においては、従来の賃貸管理にとどまらず、より幅広い領域であるオーナーの資産管理まで担うことが管理会社に求められる。

第 5 章

土地活用の
成功を
実現するために

土地の特性から
ソリューションを逆算する

本章では、当社での事例・考え方も踏まえながら、土地活用の方法をより具体的に紹介していきます。土地をお持ちのみなさんが一番よくご存知のことだと思いますが、同じ土地は1つとしてありません。よって、土地活用する際にはそれぞれの土地固有の特性・特徴をよく見極めて進めることが大切です。

　たとえば、町工場が隣にある土地があったとします。ファミリー向け賃貸物件としては騒音面で難しいかもしれませんが、朝晩と土日にしか在宅しない単身社会人向けには問題ないと言えるかもしれません。ここであえて断定した言い方をしていないのは、補完できる要因があれば、ファミリー向けでも問題ない可能性もあるからです。

　これは一例ですが、このように土地活用を検討するに際しては、考慮すべき土地の状況・特性は多岐にわたるのです。

　当社では、土地活用のご相談があった際には、最初に**土地診断**を必ず行います。土地の「概要」「立地条件」「賃貸需要」を調査し、どういう活用をすればその土地の持つポテンシャルを最大限に引き出し、土地オーナーとご家族のご希望に応えていけるかを診断し決めていくのです。

　「概要」は土地面積や用途地域、建ぺい率、容積率、防火指定、高度地区、その他法規制などの基本概要を押さえます。加えて、建物を建てるには接道要件が重要であるので、接道状況、道路の種類など

も役所調査をして明確にしておきます。

「立地条件」は、前面道路や周辺道路の状況、最寄り駅までの距離や実際に歩いてみての感覚、周囲の利便施設、事業用建物を建てると仮定した場合の商圏や周辺テナントなどを調査します。

そして「賃貸需要」については、賃貸住宅に限らず、駐車場、介護施設、医療施設、事務所・店舗、工場・物流施設などさまざまな用途の建物についてニーズがあるのか、賃料や各種リスクを調査していきます。

このような多岐にわたる調査項目を総合的にまとめ、土地診断書として土地オーナーに提出し、土地をどう活用すればベストなのかをご提案しています。最終的な判断は土地オーナーになりますが、プロである当社としての見解も交えながら方向性を決めていくことになります。

土地診断の結果、賃貸経営に向いているということであれば、次に現在、将来の賃貸需要予測を踏まえ、具体的にどういう賃貸住宅を建てるのか、間取りはどういったものがいいのかなども詳細に決めていきます。

反対に賃貸住宅をはじめ、どの用途の建物でも不適格となれば、無理して建築をするべきではありません。たとえ、土地オーナー自らが建築を切望したとしてもです。土地それぞれによって活用方法は異なりますので、建てる活用法もあれば建てない方法もあるのです。

図表45　土地診断書の例①

周辺状況 ―分析―

◆対象地の概要

対象地	○○市○○○		
地積	300 ㎡	(90.75 坪)	【公簿】
用途地域	第2種中高層住居専用地域		
建蔽率・容積率	60%		200%
防火指定	準防火地域		
高度地区	10m高度地区		
各種規制			

◆立地条件

		接道数	1面			
			種類	道路名	幅員	車線数
前面道路	北面		□国道 □都道府県道 □市道 □私道			
	東面		□国道 □都道府県道 □市道 □私道			
	南面		□国道 □都道府県道 □市道 □私道			
	西面		□国道 □都道府県道 ☑市道 □私道	○○市・42条1項2号(開発道路)	5m	1
交通	沿線名		○○本線	最寄駅		○○駅
	手段		☑徒歩 □バス □その他(　　　)	時間		(450m) 徒歩6分
			施設名	対象地からの所要時間		
利便施設	幼稚園/保育園		○○保育園(500m)	徒歩6分		
	小学校		○○市立○○小学校(750m)	徒歩9分		
	中学校		○○市立○○中学校(500m)	徒歩6分		
	スーパーマーケット		スーパー○○○店(240m)	徒歩3分		
	病院/診療所		○○クリニック(700m)	徒歩8分		
	その他		コンビニ ○○店(200m)	徒歩2分		
周辺人口			☑多い	□普通	□少ない	
歩行者			□多い	☑普通	□少ない □殆どいない	
対象地の見通し度			□良い	☑普通	□あまり良くない	
商圏の障害	街路樹		□ある ☑なし	歩道橋 □ある ☑なし	交通信号 □ある ☑なし	
	その他		□中央分離帯 □幹線道路 □線路	□河川	□その他(　　)	
各種規制	環境		□旧商店街 ☑住宅地 □工業地	□その他(　　)		
	商業集積度		□高い □普通	☑低い	□非常に低い	
	業種		☑飲食 ☑物販 □事務所	□その他(　　)		
	形態		□ビルイン ☑独立店舗 ☑自宅併用	□その他(　　)		
	客層		☑近隣住民 □車利用者	□その他(　　)		

◆対象地の特性

交通立地	徒歩圏内に鉄道路線最寄駅があります。			
接道状況	公道（開発道路・〇〇市）に接し、4m以上の幅員が確保されています。			
	道路についての大きな問題はありません。			
敷地形状	形状は、ほぼ整形の土地となっています。			
	対象地・道路ともに大きな高低差はなく、事業計画に影響はありません。			
周辺環境	低層から中高層の戸建住宅や集合住宅を中心とする閑静な住宅地となっています。			
対象地の現況	駐車場	既存家屋	なし	階建て

中央分離帯					通行車両区分	通行量	車の流れ
☐有 ☐無		☐産業道路	☐抜け道	☐生活道路			
☐有 ☐無		☐産業道路	☐抜け道	☐生活道路			
☐有 ☐無		☐産業道路	☐抜け道	☐生活道路			
☐有 ☑無		☐産業道路	☐抜け道	☑生活道路	近隣住民	少ない	良い

路線価額	300千円
概算評価額	90,000千円

◆所見

〇〇線「〇〇駅」の徒歩圏内なので、大規模な物でなければ、住居系・医療介護系の需要の見込める地域です。住居系の場合、周辺に新旧の賃貸物件が密集しているため、住居面積と間取りについては十分な市場調査を行った上で計画することを推奨します。

図表46　土地診断書の例②

◆事業計画分類・比較一覧

開発用途	特徴	具体的施設	対象地での適正
駐車場	・投下資本が少ない。 ・次期計画に 　取りかかり易いことから、 　暫定的活用法と考えられる。 ・税法上の効果は希薄。	時間貸し	○ 立地状況・周辺環境から中高層マンションが可能な土地ですが、計画には一考を要します。賃貸密集地域の為周辺物件との差別化が必要です。
		月極	△ 月極駐車場の需要はある程度見込めますが、周辺には数ヶ所の駐車場があり、稼働率が若干低下しているようです。
賃貸住宅	・長期的に安定したテナントの 　確保ができるが、 　ニーズを捉えた企画が重要。 ・税法上の効果大きい。 ・個人管理では煩わしさあり。	低層 賃貸住宅	○ 立地状況・周辺環境から低層賃貸住宅が可能な土地ですが、計画には一考を要します。賃貸密集地域の為周辺物件との差別化が必要です。
		中高層 賃貸住宅	○ 立地状況・周辺環境から中高層マンションが可能な土地ですが、計画には一考を要します。賃貸密集地域の為周辺物件との差別化が必要です。
		戸建貸家	○ 立地状況・周辺環境から戸建貸家に適切な土地であるといえます。
介護施設	・高齢化社会で需要は見込める。 ・医療法人との 　バッティング回避が必要。 ・立地条件にかなりの制限あり。	通所介護施設 （デイサービス）	○ 立地状況・周辺環境から小規模デイサービス施設の需要については若干見込めますが、誘致について一考を要します。
		サービス付き 高齢者向け住宅	× 立地状況・周辺環境からサ高住の需要については若干見込めますが、誘致について一考を要します。敷地規模の問題です。
		グループホーム	△ 立地状況・周辺環境からグループホームに適切な土地であると考えられます。公募情報の取得が必要です。敷地規模を考えると、誘致には一考を要します。
医療施設	・高齢化社会で需要は見込める。 ・立地条件とテナントの 　確保に制限あり。	単独クリニック	○ 立地状況・周辺環境から単独クリニックに適切な土地であると考えられます。診療圏調査の必要があります。
		クリニックモール	× 立地状況・周辺環境からクリニックモールの需要はあまり見込めません。敷地規模の問題です。
		総合病院	× 立地状況・周辺環境から総合病院の需要はあまり見込めません。
事務所・ 店舗	・出店者があれば高収益も 　見込めるが、ターゲットは限定的。 ・安定性はテナントの 　資質によるところが大きい。 ・空室リスクを軽減するためには 　テナントの選別が重要。 ・駐車場確保が条件となる 　可能性高い。	オフィス	× 立地状況・周辺環境からオフィスビル・テナント複合ビルとしての需要はあまり見込めません。
		ビルイン店舗	× 立地状況・周辺環境からビルイン店舗の需要はあまり見込めません。
		郊外型店舗	× 立地状況・周辺環境から郊外型店舗の需要はあまり見込めません。
工場・ 物流施設	・大規模開発に適している。 ・比較的、規制を受けにくい。 ・交通アクセス、地理的条件あり。	工場	× 立地状況・周辺環境から工場施設の需要はあまり見込めません。
		倉庫	△ 立地状況・周辺環境から倉庫施設が可能な土地であると考えられますが、誘致には一考を要します。
		物流センター	× 立地状況・周辺環境から物流センター施設の需要はあまり見込めません。

◆総合所見

計画地は、住居系施設の需要が高いと考えられます。また、医療・介護系施設の計画も考えられます。

都市圏かつ賃貸需要がある エリアかどうかを見極める

みなさんがお持ちの土地が、果たして賃貸需要があるのかどうか。ここが気になる方もたくさんいることでしょう。

まず第1章でもお話しした通り、人口が一定以上担保できて、20〜30年後も賃貸経営を継続できるのが基本です。土地一つひとつで異なるので明確には難しいのですが、具体的なエリアを大枠で言えば、関東だと1都3県で都心部から1.5時間圏内、関西でいえば京阪神エリアで都心部から30分圏内になります。そこから細かくエリアの特徴を確認していきましょう。

賃貸需要は、そのエリアの需給バランスで見ていきます。10年後、20年後の人口動態を見ながら、いま現在、賃貸住宅が飽和状態なのか、足りていないのかをさまざまな観点から調査します。

たとえば、新築の賃貸物件の競合となる築10年程度までの物件が、市場にどれくらい出回っているのか、どの程度の空室があるのか、それらの家賃がいくらなのかを見ていきます。このあたりの調査については前章でも触れた通り、当社は専業型管理会社として賃貸仲介業者との密なリレーションを築いていることから良質な情報を得られるため、うまく掴むことができます。もちろん過去の取引事例（レコード）も集めます。

ただし、将来にそのエリアで賃貸住宅の建築ラッシュといった大きな変化が起きる可能性がゼロというわけではありません。

そのとき重要になるのが、収益性・利回りになります。収支に余

裕がなければ将来の競争激化に対応できなくなります。将来の不確定な賃貸経営の環境変化にも耐えうる利回りを確保して賃貸経営をスタートさせる必要があるのです。

　当社でいえば、自社で設計・施工を内製化し、余計な中間マージンを削減することで、競争力のある高品質な仕様でありながらコストを抑え高い利回りを実現することができています。

　賃貸需要の有無について、最寄り駅の乗降者数が大事だという不動産専門家も少なくありません。これに関して、当社ではあまり重要視していません。駅の乗降者数と入居付けのしやすさには、相関関係がないからです。いくら駅の乗降者数が多くても、空室に苦しむ地域は多数あります。反対に、駅の乗降者数は少なくても入居付けに苦しまない地域も多数あります。

　結局のところ、駅の乗降者数が多かろうと、そのエリアの需要を上回る物件がすでにあるのならば、入居付けに苦労するのです。

　繰り返しになりますが、エリア内での需給バランスを見ることが重要なわけですが、このエリアというのはみなさんの土地がある周辺だけでなく、至近のターミナル駅やその沿線上も含めて検討することがポイントになります。エリアでの需給バランスが問題なくとも、土地を点で見たときに、賃貸経営を行うにはマイナスとなる場合もあります。土地周辺に嫌悪施設がある場合です。

　たとえば、土地近隣に反社会的勢力の施設があるときには賃貸経営としてネックになるでしょうし、金融機関によっては融資を出さない場合もあったりします。

　墓地や線路（踏切）も賃貸経営を始めるにあたり考慮すべき施設の1つです。これらは一部ではネガティブな要素になりますが、致命的だとは考えていません。建物を建てる際の工夫次第でなんと

かなるものだからです。

　見落としがちなポイントとして、賃貸需要を1つの大きな施設に頼っている場合は要注意です。特に郊外の場合、私立大学や大企業の工場といった施設が、撤退・移転・廃業ということになれば、需要が消滅します。大学の経営計画、企業の先行きなどを予想するのは容易ではありませんが、特定の施設に頼る場合は、その施設がなくなったとしても入居付けが可能かどうかという点をよく検討する必要があります。

賃貸需要が見込める
エリアの土地活用戦略

賃貸需要が見込めるエリアに土地をお持ちである場合、以下のようなフローで土地活用を進めていくことになります。

土地診断については、すでに書いた通りです。

プラン・事業収支の提案については、土地オーナーのみなさんに納得いただくまで、とことん行います。総工事費の多寡はもちろん、「手取りで○○円ほしい」という要望などもありますので、それを実現するにはどういうプランにしたらいいのか、それは可能なのかということを一緒に検討していきます。

気をつけるポイントは、相続税対策であっても、キャッシュフローがきちんと出ているか、新築時より確実に下がっていく賃料でもきちんと返済でき、お金が残るようにして後世に引き継いでいけるかということです。

ただ、専門的な見解として「このエリアは単身者向けの物件は絶対に無理」といった場合、いくら土地オーナーのほうから利回りを考えると単身者向けがいいと要望されても、難しいという正直な意見を伝えます。

室内設備などについては、専門家である我々が機能、見た目、コストを総合的に見て、最も費用対効果の高いものを提案いたしますので、それについて YES or NO でお答えいただく形になります。

土地オーナーによっては、キッチンはこのメーカーのグレード

図表47　建築する場合の土地活用フロー

土地診断
▼
賃貸経営に適している土地と診断
▼
プラン・事業収支の提案
▼
工事請負契約
▼
建築確認申請
▼
着工
▼
完成
▼
引渡し
▼
賃貸経営開始

が高いものがいいという要望をいただくこともあります。当社の場合はパッケージ化された商品建物ではなく、すべてオーダーメイドの自由設計ですので柔軟に対応可能ではありますが、収益性を考えた場合は賃料への影響は大きくないため、導入するかは検討いただくようお願いしています。ご自身の自宅であれば嗜好性の高い設備を導入することは何ら問題ないのですが、賃貸住宅においては常に費用対効果を考えたうえでの判断が必要となります。

　次に、賃貸需要が見込めるエリアでの土地活用ケーススタディを検討してみましょう。

賃貸需要が見込めるエリアの土地活用ケーススタディ

後述するような賃貸需要が中長期的に見込まれる土地の場合、賃貸住宅を建てることで、毎月安定的に家賃キャッシュフローを得られ、併せて将来の相続税対策もできます。

　具体的な土地診断から建築計画、事業収支まで見ていくことにしましょう。

土地概要

 対象地　東京都杉並区

　　　土地　　550㎡（建ぺい率50%、容積率100%）

　　　　　　第一種低層住居専用地域（借地権割合70%）

　　　相続税評価額　1億9,250万円（路線価35万円／㎡）

土地診断

　最寄り駅からも徒歩10分程度と近く、都心部にも電車で15分であり、賃貸需要は旺盛。用途地域が第一種低層住居専用地域であり、建物を高くすることができないため、収益性を考慮しDINKs向けの木造アパートで土地活用を計画するのがよいと考えられます。

建物プラン

構造 木造2階建て（建築面積260㎡、延床面積510㎡）

間取り 1LDK×12戸

その他 駐車場7台

建築費用

建物建築費 1億1,100万円（税込）

その他諸費用 900万円

総投資額 1億2,000万円

└新築時の固定資産税評価額 7,000万円

家賃収入等

年間家賃収入 1,800万円

空室損・滞納損 90万円

運営費 350万円

NOI 1,360万円（FCR11.33%）

融資条件

借入金額 1億2,000万円

金利 1.0%

期間 30年

年間返済額 463万円

1年目の税引前CF
  ＝NOI 1,360万円－年間返済額463万円
  ＝897万円

　東京都内ということもあり、賃料相場も高く、良い利回りを実現できています。

　土地の購入を伴わない土地活用においては、全国で建物建築費用の差は大きくないため、賃料相場（賃料の高低）によって利回り・事業収支が大きく変わります。東京都など賃料相場が高いところに土地を持っているほうが有利となります。

　では相続税対策の観点から、相続税評価額はどのようになるでしょうか。

土地活用前の相続税評価額
　　土地＝1億9,250万円

土地活用後の相続税評価額
　 土地相続税評価額
　　＝相続税路線価×（1－借地権割合×借家権割合）
　　＝1億9,250万円×（1－70％×30％）
　　＝1億5,200万円

　　建物相続税評価額
　　＝固定資産税評価額×（1－借家権割合）
　　＝7,000万円×（1－30％）
　　＝4,900万円

借入金＝1億2,000万円

合計　＝1億5,200万円（土地）＋4,900万円（建物）

　　　－1億2,000万円（借入金）

　　　＝8,100万円

　土地活用前後で比較すると、1億1,150万円（1億9,250万円－8,100万円）の相続税評価を圧縮できたことになります。

賃貸需要が見込めないエリアの土地活用戦略

賃貸需要が中長期的に厳しい地方を中心に、無理に建築しないほうがよいエリアも少なくありません。そうした場合、収益性と相続税対策を両立させた賃貸経営はできないのでしょうか。

実は、自身の土地に賃貸物件を建てるのと同様の効果を得る方法があります。それは賃貸需要が見込まれる都市部の収益物件を購入するという選択です。

自身の土地以外の場所で、賃貸経営をするというこの方法を取る場合、鍵となるのが資金調達です。潤沢な現金をお持ちの場合は別ですが、現金にそこまでの余裕がない土地オーナーとしては、基本的に2つの道筋があります。

1つはお持ちの土地を担保にして、金融機関から融資を受けるという道です。たとえば賃貸需要が厳しい地方に土地を持っている場合でも、その土地を担保にすることで、土地を持たない不動産投資家に比べて有利な条件での融資を受けられる可能性があります。物件の購入時には購入諸費用がかかるため、多少の現金が必要となりますが、金融機関からの担保評価が高かったり、ある程度の現金をお持ちであれば、より有利な融資を受けられ、投下する自己資金を抑えられます。

この道を選ぶ最大のメリットは、愛着ある土地を手放す必要がないことです。

流れとしては右の図表48のようになります。

図表48　土地を担保にし物件を購入する場合の土地活用フロー

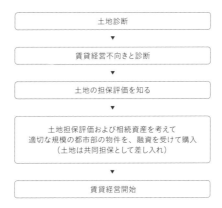

　もう1つの道は、その土地を売却、現金化して、賃貸需要が見込まれる都市部の収益物件を購入するというものです。そうすることで資産が組み変わり、かつ相続税対策、そしてキャッシュフローを得ることができます。

　この道筋のデメリットは、土地を売却することです。先祖より受け継いできた土地を手放すことに抵抗のある土地オーナーは使えません。メリットは資産組み換えにより地方の土地が都市部の収益不動産になるため、長期的なキャッシュフローをもたらし資産性が維持されやすいことにあります。加えて、自身の土地に建築することと同様に相続税評価も圧縮可能です。

　流れとしては次のページのようになります。

図表49　土地を売却し新たに物件を購入する場合の土地活用フロー

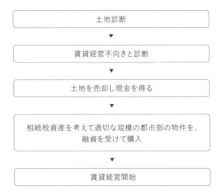

次に、賃貸需要が見込めないエリアに土地をお持ちの場合の土地活用ケーススタディを検討してみましょう。

賃貸需要が見込めないエリアの土地活用ケーススタディ

後述するような賃貸需要が長期的に厳しい立地の土地をお持ちの場合は、無理に建築をするのではなく、その土地を担保として活用し、賃貸需要があるエリアの収益不動産を購入することで、相続税対策および安定収益源の確保ができます。

　なお、所有する土地はそのままのため、賃貸住宅以外の用途として、資材置き場や青空駐車場といった別の土地活用によって、第2の収益を得るということも可能になります。

土地概要

対象地　　奈良県某市

土地①　　　500㎡（建蔽率60%、容積率200%）
　　　　　　第一種住居地域（借地権割合60%）

相続税評価額　1,500万円（路線価3万円／㎡）

土地②　　　400㎡（建ぺい率60%、容積率200%）
　　　　　　第一種住居地域（借地権割合60%）

相続税評価額　1,400万円（路線価3.5万円／㎡）

そのほか複数の土地を保有しており、土地全体の相続税評価額は1億円

土地診断

　複数個所に土地を所有し、合計で1億円という相続税評価はあるものの、立地としては長期的な賃貸経営が厳しい状態でした。代々受け継いでこられた土地であることから、売却する選択肢はないとのことだったため、本土地はそのままの状態にし、別途都市部の収益不動産を購入するのがよいと考えられます。

購入プラン

　🏢 エリア　大阪市内
　　ファミリーマンション
　　築20年
　　RC造　4階建

購入費用

　💰 物件価格　　　1億5,000万円（税込）
　　購入諸費用　　600万円
　　総投資額　　　1億5,600万円
　　相続税評価額　8,000万円
　　※土地・建物の合計。貸家建付地・貸家の評価減適用済

家賃収入等

年間家賃収入	1,200万円（表面利回り8.0%）	
空室損・滞納損	50万円	
運営費	250万円	
NOI	900万円（FCR5.77%）	

融資条件

借入金額	1億5,600万円	
金利	1.0%	
期間	27年	
年間返済額	659万円	

　融資に際しては、上記所有の土地を共同担保として活用することで、物件価格に加え諸費用までを融資で受けることができました。結果として、自己資金ゼロを実現しています。

　1年目の税引前CF
　　＝NOI 900万円－年間返済額659万円
　　＝241万円

　相続税評価額はどのようになったのでしょうか。次ページで確認してみましょう。

土地活用前

所有土地＝1億円

土地活用（収益不動産購入）後

所有土地　　＝1億円
収益不動産　＝8,000万円
借入金　　　＝1億5,600万円

合計＝所有土地1億円＋収益不動産8,000万円
　　　－借入金1億5,600万円
　　＝2,400万円

　収益不動産購入前と比較すると、7,600万円（1億円－2,400万円）の相続税評価を圧縮できました。

第 6 章

事例から学ぶ「相続税対策と収益性の両立」

本書の最後に、当社でお手伝いさせていただいた土地活用の事例をご紹介します。

みなさんのご状況と照らし合わせて今後の土地活用の参考にしていただけたらと思います。

ケース①　母が住む実家の建て替えに併せ、賃貸アパートを建築

プロフィール

アキヤマ様（仮名）
東京都在住／本人・妻・子の3人暮らし
大手電機メーカー勤務

相続関係

被相続人　母（74歳）
相続人　本人（50歳）

ご要望、ご状況

東京都内在住のアキヤマ様は、お母様が大阪市内に戸建て住宅を所有し、一人暮らしをしています。お父様はすでに亡くなられています。アキヤマ様に兄弟はおらず、ご自身がすべて相続する予定

であるため、早期に相続税対策を行いたいと考えました。アキヤマ様本人は東京都内に自宅を構え、奥様とお子様の3人で暮らしています。

　一方、大阪の家は築60年という旧耐震基準の建物で地震による倒壊の心配があることと、これから進むことが考えられる身体的な衰えを考慮し、お母様はシニア向けマンションへの引っ越しも検討しています。ただし、お母様は、夫から相続したこの土地自体は売却せず守っていきたいと考えておられました。

被相続人の所有財産の内訳

💰 現金　1,000万円

⛏️ 土地　300㎡（建ぺい率80%、容積率200%）
　　　　　第2種住居地域（借地権割合70%）

　　　　　相続税評価額　1億500万円（路線価：35万円／㎡）

　　　　　建物の固定資産税評価額　300万円

　　　　　合計　1億1,800万円（相続税評価額ベース）

　仮に今の状態で相続が発生すると、納税額は次ページの通りとなります。

> 📟 課税遺産総額
> 　＝所有財産−基礎控除
> 　＝1億1,800万円−（3,000万円＋600万円×1）
> 　＝8,200万円
>
> 　法定相続人は1人であるため、速算表（45ページ）により以下の通りとなります。
>
> 　納税額＝8,200万円×30％−700万円＝1,760万円

　相続する現金とアキヤマ様の現預金を合わせると納税額には足りるものの、なるべく納税額を少なく抑え、かつ賃貸経営による収益源も確保したい、というのがアキヤマ様の思いでした。

　というのも、これからも土地を守っていくことはもちろん、これから10年、20年と続くお母様の生活に余裕をもたせたいとアキヤマ様は考えているからです。

☑ チェックポイント 所有財産の把握について

　こうした被相続人が所有する財産は、漏れのないようにすることが大切です。相続税対策をした後に、さらなる財産が判明したりすると、追加での対策が必要となりますし、場合によっては非効率になったり、対策が間に合わないこともあるからです。したがって、基本的に専門家である税理士の助けを得て、洗い出しを行います。すでにお付き合いのある税理士がいれば、その方に依頼しましょう。もしお付き合いが

ないのならば、当社でもご紹介可能です。

ご提案

　土地診断を実施した結果、大阪市内ということもあり賃貸需要は中長期的に見込まれることから、賃貸アパートの建築をご提案いたしました。単身向け住戸のほうが収益性は高まるものの、ファミリー向けニーズも高い立地であったことから、単身者向けとファミリー向けの混在プランとしました。

建築プラン

　構造　木造3階建（劣化等級3級）

　　延床面積（住居面積）　380㎡
　　間取り　2LDK×4戸（2LDK・64㎡）
　　　　　　1LDK×4戸（32㎡）
　　　　　　合計8戸　※駐車場2台

建築費用

　建物本体建築工事費　8,000万円（税抜）
　　付帯工事費（解体、地盤改良、外構）　900万円（税抜）
　　工事合計　8,900万円（税抜）※9790万円（税込）
　　諸費用　　300万円（税込）
　　合計　　1億90万円（税込）

1年あたりの減価償却費　458万円

（建物　7,300万円、建物附属設備　1,830万円）

建物固定資産税評価額　5,500万円

家賃収入等

年間家賃収入	984万円（表面利回り　10.05%）
空室損・滞納損	45万円
運営費	145万円
NOI	794万円
FCR	7.87%

融資条件

金融機関	地方銀行
借入金額	9,590万円（自己資金　500万円）
金利	1.0%
借入期間	35年（元利均等返済）
年間返済額	325万円
ローン定数K	3.39%
Y　G（イールドギャップ）	4.48%（FCR7.87 − K3.39）

収支・キャッシュフロー

📋 税引前CF

= NOI 794万円 − 年間返済額325万円

= 469万円

課税所得（1年目）

= NOI 794万円 − 利息94.8万円 − 減価償却費458万円

= 241.2万円

納税額（1年目）

= 241.2万円 × 所得税・住民税率（20%）

= 48.24万円

税引後CF（1年目）

= 税引前CF 469万円 − 納税額48.24万円

= 420.76万円

※ここから長期修繕積立金をためておく必要がある。

アキヤマ様は当社以外に大手ハウスメーカーにも問い合わせを行っていました。しかし、収益性が悪い提案だったそうです。そこでインターネットや本などで熱心に情報収集を行ったところ、多数の土地活用で失敗する事例を見てきたと言います。

したがって、いくら相続税対策といっても、中長期的な賃貸経営を行っていくためには収益性やキャッシュフローにもこだわるべきだと考えており、最終的に当社のプランで進めていただけることになりました。

相続税対策の効果

　土地活用によってどの程度の相続税対策効果があったのでしょうか。土地と建物の両方を見ていきます。

　土地については、貸家建付地の評価減、一部面積分は貸付事業用宅地等の評価減が適用できます。

　○200㎡部分まで
　　200㎡×35万円／㎡
　　　　×（1－借地権割合70％×借家権割合30％×賃貸割合100％）
　　　　×50％
　　＝2,765万円

　○200㎡を超える部分
　　100㎡×35万円／㎡
　　　　×（1－借地権割合70％×借家権割合30％×賃貸割合100％）
　　＝2,765万円

　土地評価額＝2,765万円＋2,765万円＝5,530万円

　建物については、貸家の評価減と被相続人であるお母様の課税遺産総額は右ページの通りとなります。

建物評価額

＝固定資産税評価額5,500万円

　　×（1－借家権割合30％×賃貸割合100％）

＝3,850万円

対策後の課税遺産総額

＝現金500万円＋土地5,530万円＋建物3,850万円－借入金9,590万円

＝290万円

　基礎控除以下の遺産総額となり、相続税はかからないようになりました。

相続税の基礎控除額3,600万円＞課税遺産総額290万円

今後について

　本物件は竣工前にすべての部屋に申込みが入り、満室スタートとなりました。サブリースは当社のご提案通り行っていません。結果として、アキヤマ様とお母様は利益を最大限に享受することができています。

　お母様は本物件近くにあるバリアフリー仕様の賃貸マンションに引っ越しされていますが、本物件から生まれる潤沢なキャッシュフローで家賃などの支払いをされています。相続税を支払うことなく、土地を守ることができたということで、大変喜んでいただいています。アキヤマ様のように、実家の相続相談は今後急増すると想定されます。核家族化が進み、子の多くは離れて暮らし、すでに自分で住宅を購入していることも多いです。そうした場合、実

家をどのようにするのか、早いうちから家族会議によって対策を練っていくことが大切だと言えます。

☑ チェックポイント 家族会議の重要性とは？

　土地活用・相続税対策にあたっては、親が主導のときと子が主導のときがあります。親が主導のときは子にあまり相談せず物事を決めて、子は何も知らされず相続発生後に多額の借金をして賃貸経営していたことが発覚するといった問題が起こりがちです。子が主導する場合は、きちんと親子で相談したうえで、子が動いているケースが多いです。いずれにしても重要なのは、被相続人と相続人がきちんと家族会議をすることです。家族会議のメンバーには、相続に絡む人全員を入れることが、後のトラブルを防ぐことにつながります。家族会議の内容としては、「相続税対策を何もしない場合、相続税がどれくらいかかるか」「相続税の支払能力があるか」「相続税対策をする場合、その内容を共有・検討すること」が大切です。同時に、財産分与についても話し合っておくことが必須です。相続後は、一族の大黒柱であることが多い被相続人がいないという前提のもと、相続人同士で争わないように準備しておくことも、相続税対策なのです。

建物を建てない土地活用にて相続税対策と安定収入源の構築を実現

プロフィール

ネモト様（仮名）

兵庫県在住／本人・妻の2人暮らし

無職（元公務員・定年退職）

相続関係

被相続人　本人（70歳）

相続人　　妻（68歳）　長女（44歳）　次女（41歳）

ご要望、ご状況

ネモト様は公務員を定年退職後は、奥様と旅行したりご趣味のスポーツに興じたりと第2の人生をエンジョイされています。長女、次女は共に嫁いでおり、現在はネモト様と奥様の2人暮らしです。

ネモト様は農家の分家として、両親から土地を相続されています。もともとは市街化調整区域でしたが、20数年前に市街化区域に指定されたことにより、土地の価値は上がり、固定資産税・都市計画税も増えました。ただ、そのときには相続税対策ということが頭にまったく浮かびませんでした。

しかし、70歳の誕生日をむかえ、家族に迷惑をかけるわけにいかないという思いに至り、相続税対策を検討し始めます。

現状の土地は貸し駐車場などで一部活用されていましたが、もっと有効な活用方法はないのかと考えたそうです。土地を手放すことについては否定的で、次の代に引き継いでいきたいとも思っています。

被相続人の所有財産の内訳

現金　　　　1,000万円
投資信託　　1,000万円

土地①　　自家用地400㎡（建ぺい率60%、容積率200%）
　　　　　第1種住居地域（借地権割合40%）

　　　　　相続税評価額　2,000万円（路線価5万円／㎡）

土地②　　貸し駐車場用地800㎡（建ぺい率60%、容積率200%）
　　　　　第1種住居地域（借地権割合40%）

　　　　　相続税評価額　3,200万円（路線価4万円／㎡）
　　　　　※そのほか大小7筆の土地あり

　　　　　土地合計の相続税評価額　2億円

※一次相続のみを考えれば、奥様がご自宅にそのまま住めば自宅用地330㎡までは小規模宅地の特例により80%の評価

減を受けられますが、二次相続までを考えれば特例を考慮せずに対策を打ったほうが良いです（70ページ参照）。したがって、ここでは小規模宅地の特例を適用外として考えていきます。

> 建物（自宅）の固定資産税評価額　1,000万円
>
> 合計　2億3,000万円（相続税評価額ベース）

　仮に今の状態で相続が発生すると、納税額は以下の通りとなります。

> 🖩 課税遺産総額
> 　＝所有財産－基礎控除
> 　＝2億3,000万円－（3,000万円＋600万円×3）
> 　＝1億8,200万円
>
> 　課税遺産総額を法定相続割合で按分します。
>
> 　奥様　1億8,200万円×1/2＝9,100万円
> 　長女　1億8,200万円×1/4＝4,550万円
> 　次女　1億8,200万円×1/4＝4,550万円
>
> 　各相続人の納税額を速算表（45ページ）より算出してみましょう。

奥様：9,100万円×30% − 700万円 = 2,030万円
長女：4,550万円×20% − 200万円 = 710万円
次女：4,550万円×20% − 200万円 = 710万円

納税額合計 = 3,450万円

　一次相続においては、奥様は相続課税対象が1.6億円あるいは法定相続分までであれば非課税となり、納税額は全体で（長女、次女の分を合わせて）1,420万円となります。ただし、二次相続まで考えれば奥様が一次相続時に得る遺産に対しても、いずれ漏れなく課税されることになります。

　一次相続のみを見れば納税資金は用意できていますが、ネモト様としてはご自身の意識がはっきりしているうちに、二次相続までの対策を打ち、奥様やお子様に迷惑をかけたくないというお考えをお持ちでした。

☑ チェックポイント
二次相続は遺言書とセットで考える

　第2章でも言及したように、相続はあらかじめ二次相続までを考えて行っておくことが大切です。仮に夫が亡くなり一次相続で妻に財産の半分が相続されれば、当座の納税を免れることができますが、その後、妻が亡くなり二次相続が発生すれば、結局は夫から子に直接相続した以上の税金がかかることになります。ですから、相続税対策をする際には、財産を持っている人が存命の内に、相続税対策を行うほうが、トータルでの税金を抑えることができます。

　二次相続で肝となるのが遺言書です。これは相続時の財産分与の際に相続人同士での無用な争いを避けるためには必ず必要だと言えます。親が存命中は子ども同士の仲が良くても、家長である親が亡くなった後は後ろ盾がなくなることから争いに発展するケースが少なくありません。というのも、子だけでなく、その配偶者の意向・意見が挟み込まれることもあるからです。そうした被相続人・相続人以外からの口出しを許さないためにも、民法の規定に則った法的効力のある遺言書を作成しておきましょう。ただし、遺留分と呼ばれる法定相続人が最低限の遺産を相続できる権利が認められていますので、遺留分を侵害しない配慮も忘れてはなりません。

ご提案

　土地診断を実施したところ、ネモト様の土地は、賃貸アパート・マンションのほか、ロードサイド店舗等の事業用地としても適さないという結果となりました。一方、ほかの土地活用事業者は複数

棟のファミリー向けの一棟アパートを段階的に建築するという提案をしていました。

　ネモト様には所有土地周辺の賃貸需要、および今後の人口動態といった資料をもって、賃貸物件を建築すると将来的にお子様を苦しめることになると丁寧に説明したところ、ご理解いただくことができました。

　当社からは、所有する土地に建築するプランのかわりに、以下2つの提案をいたしました。

提案① 一部の土地を売却して納税資金を準備すること

提案② 土地を売却せず、都市部の収益不動産を購入することで賃貸経営を行い、キャッシュフローを得つつ相続対策も同時に行うこと

　ネモト様には、「土地は売却せずに守りたい」という思いが強くありました。一方で、借り入れをして新たに収益不動産を購入し、賃貸経営していくことに不安もお持ちでした。

　したがって、当社は相続税対策を一度で完了する規模の大きい物件を購入するのではなく、比較的小規模の物件購入からスタートすること、その結果、問題がないと判断すれば、追加で複数棟を購入するというプランを提案し、ネモト様はこれに理解を示してくださいました。

　本書で何度か説明してきた通り、不動産を共有名義にするのは得策ではありません。近しい親族間であっても、かなりの高確率で揉め事になるからです。その意味でも、収益不動産を複数持っておくことは、複数の相続人に対して平等に資産を継承していくのに

有効だと言えます。

購入プラン（物件①）

🏢 エリア　　京都市某区

一棟中古マンション築30年

（当社のリノベーション工事済み物件）

RC造、4階建

購入費用（物件①）

🪙 物件価格　　　1億円（税込）

　　　　　　　　※土地3,000万円、建物7,000万円

購入諸費用　　400万円（税込）

総投資額　　　1億400万円（税込）

1年あたりの減価償却費　　　308万円

相続税評価額（土地・建物）　5,000万円

※貸家建付地および貸家の評価減適用済

家賃収入等

🧮 年間家賃収入　　820万円（表面利回り8.2%）

空室損・滞納損　40万円

運営費　　　　　180万円

NOI　　　　　　600万円

FCR　　　　　　5.77%

融資条件

💰 金融機関　　　地方銀行

借入金額　　　1億円（自己資金　400万円）

金利　　　　　1.2%

借入期間　　　28年（元利均等返済）

年間返済額　　420万円

ローン定数K　4.2%

YG　　　　　1.57%（FCR－K＝5.77－4.2）

※融資に際して、ご所有土地の一部を共同担保として活用

収支・キャッシュフロー

🧮 税引前CF

＝NOI 600万円－年間返済額 420万円

＝180万円

課税所得（1年目）

＝NOI 600万円－利息 118万円－減価償却費 308万円

＝174万円

納税額（1年目）

＝174万円×所得税・住民税率（20%）

＝34.8万円

税引後CF（1年目）

＝税引前CF180万円－納税額34.8万円

＝145.2万円

相続税対策の効果（物件①のみ）

物件①の購入による相続税対策効果を計算してみます。

 所有財産（相続税評価ベース）

= 2億3,000万円 − 現金400万円

+ 収益不動産5,000万円 − 借入金1億円

= 1億7,600万円

したがって、物件購入前と比べると、**5,400万円分（2億3,000万円−1億7,600万円）の相続税評価額を圧縮できました。**

1棟目の物件は京都市内の物件でしたので、ネモト様の自宅からは距離がありましたが、当社でしっかりと賃貸管理をしました。1年が経過した後、想定通りの賃貸経営ができ、手間もかからないということをご体感いただけました。

都市部の収益不動産を購入することで相続税対策と安定収入確保の両方を実現できるという当社のご提案に全面的にご納得いただき、追加で物件を購入することになりました。

購入プラン（追加3棟合計）

提案したのは、目的に合わせた3棟の物件です。

1つ目は利回りを求める中古物件。2つ目は安定性を求める新築物件。そして3つ目は投資規模が大きくなってくると家賃収入への税金負担が重くなるため、減価償却費を短期に計上できる節税向け中古物件です。

また、地域を分散することで天変地異などのリスクが軽減

できるため、関東圏と関西圏に分けて物件を購入することにしました。

購入費用（追加3棟合計）

物件価格（総額）	4億円（税込）	
購入諸費用	1,200万円（税込）	
総投資額	4億1,200万円（税込）	
1年あたりの減価償却費	1,950万円	
相続税評価額（土地・建物）	2億5,000万円	

※貸家建付地および貸家の評価減適用済

家賃収入等（追加3棟合計）

年間家賃収入	3,100万円
空室損・滞納損	150万円
運営費	620万円
NOI	2,330万円
FCR	5.65%

融資条件

金融機関	地方銀行
借入金額	4億1,000万円（自己資金：200万円）
金利	1.2%
借入期間	30年（元利均等返済）

年間返済額	1,628万円
ローン定数K	3.97%
YG	1.68%（FCR − K = 5.65 − 3.97）

※融資に際しては、ご所有土地を共同担保として活用

収支・キャッシュフロー

🧮 税引前CF
　＝ NOI 2,330万円 − 年間返済額1,628万円
　＝ 702万円

課税所得（1年目）
　＝ NOI 2,330万円 − 利息486万円 − 減価償却費1,950万円
　＝ − 106万円

納税額（4棟合計）
　＝（174万円 − 106万円）× 所得税・住民税率15%
　＝ 10.2万円

税引後CF（4棟合計）
　＝ 税引前CF（180万円 ＋ 702万円）− 納税額10.2万円
　＝ 約871.8万円

相続税対策の効果（4棟合計）

　では、物件①も含め、全4棟の購入でどの程度の相続税圧縮効果があったのでしょうか。以下、収益不動産や借入金は、いずれも4棟合計の金額になります。計算してみましょう。

 所有財産（相続税評価ベース）
　　＝2億3,000万円－現金400万円－現金200万円
　　　＋収益不動産3億円－借入金5億1,000万円
　　＝1,400万円

　したがって、**物件購入前と比べると、2億1,600万円分（2億3,000万円－1,400万円）の相続税評価額を圧縮できました。**
　この状態であれば、二次相続時に相続人が長女・次女の2人であっても、相続税の基礎控除金額以下になっているので、相続税はかからないことになります。

相続税の基礎控除額4,200万円＞課税遺産総額1,400万円

今後について

　賃貸需要が厳しい地域に無理をして賃貸アパート・マンションを建築するのではなく、都市部に新たに収益不動産を購入することで、相続税対策・土地活用に成功したネモト様。しかし、相続税対策はこれで終わりではありません。第2章でも紹介したように、二次相続を考えた場合には、どの財産を誰に相続するかを明記した遺言書もセットで作成しておくのがベストです。ネモト様も当

社からのアドバイスの通り、家族会議のうえ、二次相続までを考えた遺言書の作成も行いました。

また、長く賃貸経営を行っていくと現預金が貯まっていきますので、お子様に暦年贈与をすることも提案しています。

加えて、建物の減価償却が取れなくなってくれば、一部物件を売却し、新たに物件購入したりと、臨機応変に対応していくことになっています。

当社が全物件を管理運営することで、収益を生み出すだけでなく、定期的な面談によって財産メンテナンスのお手伝いを継続して行っているということです。

ネモト様のように、地方や都市部近郊でも賃貸需要が将来的に厳しい土地をお持ちの方はたくさんいらっしゃいます。

これまでは、土地オーナーの土地活用といえば、その土地に賃貸アパート・マンションを建ててサブリースによる一括借上、というのが一般的でしたが、人口減少・都市化社会をむかえたこれからの時代は、「無理をして建てない」という選択肢を取ることが、後世に土地を伝承していくためには大切な判断と言えます。

ケース③ 保有する複数の都市部の土地に RC造賃貸マンション建築 ＋収益不動産購入

プロフィール

ナイトウ様（仮名）

東京都在住／本人・妻・子（2人）の4人暮らし

専門商社勤務

相続関係

被相続人　父（75歳）

相続人　　本人（52歳）　妹（49歳）

ご要望、ご状況

ナイトウ様は大企業の会社員で現在は、奥様と2人のお子様と暮らしています。ナイトウ様の実家は先祖代々の地主です。昨年、お父様が体調不良で入院されたことがきっかけで、相続のことを考えるようになりました。お父様自身は特に対策を取っていないこともあり、万が一のことがあれば、1.5億円を超える相続税が発生することが判明しました。

お父様の所有資産の大部分が土地であり、祖父の代から一定の土地活用は行っていましたが、地価高騰によってさらなる対策が必要となります。

ナイトウ様の要望は、土地を売却することなく兄妹で相続し、さらに次の代へと引き継いでいきたいということです。

被相続人の所有財産の内訳

🪙 現金　　8,000万円

🏔 土地①　250㎡（建ぺい率80%、容積率400%）
　　　　　商業地域（借地権割合70%）

　　　相続税評価額　1億円（路線価40万円／㎡）

　　　※現況は築年数不詳の木造店舗と築40年超の
　　　　鉄骨4階建賃貸マンションが建っている
　　　※そのほか4筆の土地あり
　　　　（テナントへの一括貸し、貸し土地などとして活用）

　　　土地合計の相続税評価額　3億2,000万円
　　　建物の相続税評価額　　　1億円
　　　合計　　　　　　　　　　5億円（相続税評価額ベース）

　今の状態で相続が発生すると、納税額は次ページの通りとなります。

🖩 課税遺産総額

　　＝所有財産－基礎控除

　　＝5億円－（3,000万円＋600万円×2）

　　＝4億5,800万円

　課税遺産総額を法定相続割合で按分します。

　　本人：4億5,800万円×1/2＝2億2,900万円

　　妹　：4億5,800万円×1/2＝2億2,900万円

　各相続人の納税額を速算表（45ページ）より算出してみましょう。

　　本人：2億2,900万円×45％－2,700万円＝7,605万円

　　妹　：2億2,900万円×45％－2,700万円＝7,605万円

　　相続税納税額の合計＝1億5,210万円

ご提案、経緯

　土地診断を実施したところ、立地としては賃貸マンションとして適する土地でした。また商業地域で高容積率のため、高層の建物が建てられます。通常、既存建物の解体のためには長期にわたる立ち退き交渉が必要となるのですが、お父様は賃貸募集をあまりしていなかったため、6ヵ月程度で完了しました。

　賃貸マンションとしては申し分ない立地であることから、当社以外にも4社が賃貸物件の建築を提案していました。他社の提案

はRC造か重量鉄骨造での賃貸マンションを建築するという提案で、当社もRC造の賃貸マンションを提案しました。しかし、建築可能な土地①に建築するだけでは相続税の負担を軽減することはできても、なくすことはできません。それほど財産総額が大きいからです。

　したがって、当社としては土地①に賃貸マンションを建築するとともに、別途収益不動産を購入いただき、建築と不動産投資の両方により相続税対策を行うという提案をいたしました。

　最終的には、建築する賃貸マンションの利回りと仕様のバランス、および総合的な資産コンサルティングができることを評価いただき、当社にてナイトウ様ご一家の相続税対策をお任せいただけることになりました。

建築プラン

構造		RC造7階建
延床面積（住居面積）		734㎡
間取り		1K（27㎡）×27戸

建築費用

建物本体建築工事　2億8,000万円（税抜）

付帯工事（解体、外構、地盤改良）　3,000万円（税抜）

工事合計　3億1,000万円（税抜）3億4100万円（税込）

諸費用　900万円（税込）

合計　3億5,000万円（税込）

1年あたりの減価償却費　1,138万円

（建物2億2,500万円、建物附属設備9,600万円）

建物固定資産税評価額 　　2億1,000万円

家賃収入等

年間家賃収入	3,400万円（表面利回り　9.97%）	
空室損・滞納損	150万円	
運営費	700万円	
NOI	2,550万円	
FCR	7.29%	

融資条件

金融機関	都市銀行	
借入金額	3億5,000万円（自己資金　0万円）	
金利	0.7%	
借入期間	35年（元利均等返済）	
年間返済額	1,128万円	
ローン定数K	3.22%	
YG	4.07%（FCR－K＝7.29－3.22）	

収支・キャッシュフロー

税引前CF

＝ NOI 2,550万円－年間返済額1,128万円

＝ 1,422万円

課税所得（1年目）
＝NOI 2550万円－利息242万円－減価償却費1138万円

納税額（1年目）
＝1170万円×所得税・住民税率43%
＝503万円

税引後CF（1年目）
＝税引前CF 1,422万円－納税額503万円
＝**919万円**
※ここから長期修繕積立金をためておく必要がある。

☑ チェックポイント
建築プランの構造による違いとは？

　木造は建築価格が安価のため、利回りを高くすることができます。ただし、減価償却期間が22年と短く、50年間など長期の運用には不向きだと言えます（実際には、木造であってもメンテナンスによって40年以上もちます）。

　RC造は建築価格が高額になり、利回りは木造に比べると低くなりますが、建物が長期にわたりもつため、土地を手放すことにためらいがないならば、将来売却するときに有利になる場合もあります。

　また、RC造は高層建物に向くため、所有土地が高容積率の場合は、RC造のほうが効率的に土地を活用できると言えます（ただし建築費が高額になるので、負債金額や収支との兼ね合いになる）。

お父様のご所有財産が大きいため、本物件を建築しただけではまだ高額の相続税負担が発生します。途中の計算は省略しますが、納税額は総額で9,320万円となります。

　そこで、事前のご提案通り、別途収益不動産を購入いただくことにいたしました。ナイトウ様としては、利回りやキャッシュフローよりも、好立地で将来売却もしやすい物件という要望がありました。当社としては、本書で記してきた通り、利回りやキャッシュフローにもこだわるべきというのが大前提ですが、土地や貸しビル・賃貸マンションを複数お持ちで、大きな収入源がある場合は、相続税対策および資産性という点からキャッシュフローを重視しない物件の購入も問題ないと考えています。簡単に言えば、たとえ購入物件からキャッシュフローがなくても、ほかの物件で十分返済が可能という状態であればOKということです。

購入プラン

エリア　　東京都某区

概要　　　一棟中古マンション築5年
　　　　　　　RC造、5階建

購入費用

物件価格　　6億円（税込）
　※土地2億4,000万円、建物3億6,000万円（建物設備7,200万円）

購入諸費用　2,500万円（税込）

総投資額　6億2,500万円（税込）

1年あたりの減価償却費　1,346万円
相続税評価額（土地・建物）　3億5,000万円
※貸家建付地および貸家の評価減適用済

家賃収入等

年間家賃収入	3,000万円（表面利回り　5.0%）	
空室損・滞納損	150万円	
運営費	600万円	
NOI	2,250万円	
FCR	3.6%	

融資条件

金融機関	都市銀行
借入金額	6億円（自己資金　2,500万円）
金利	0.7%
期間	35年（元利均等返済）
年間返済額	1,933万円
ローン定数K	3.22%
YG	0.38%（FCR − K = 3.6 − 3.22）

※融資に際して、ご所有土地の一部を共同担保として活用

収支・キャッシュフロー

📱 税引前CF
　　＝NOI 2,250万円－年間返済額1,933万円
　　＝317万円

　　課税所得（1年目）
　　＝NOI 2,250万円－利息415万円－減価償却費1,346万円
　　＝489万円

　　納税額（1年目）
　　＝489万円×所得税・住民税率43％
　　＝210万円

　　税引後CF（1年目）
　　＝税引前CF 317万円－納税額210万円
　　＝<u>107万円</u>

　相続税対策時は、状況によっては利回りが低く資産性の高い物件を購入することがあり、その場合に自己資金をあまり入れなければ、キャッシュフローが出ないことはよくあります。ほかの収入も含め、総合的に判断することが重要となります。

相続税対策の効果

　所有土地への建築、および追加での収益不動産購入によって、どの程度の相続税圧縮効果があったのでしょうか。計算してみましょう。

所有財産（相続税評価ベース）

＝5億円－現金2,500万円

　　＋建築した賃貸マンション2億1,000万円

　　＋購入した収益不動産3億5,000万円

　　－借入金9億5,000万円

＝8,500万円

これから納税額を計算してみます。

課税遺産総額

＝所有財産－基礎控除

＝8,500万円－（3,000万円＋600万円×2）

＝4,300万円

課税遺産総額を法定相続割合で按分します。

　本人：4,300万円×1/2＝2,150万円

　妹　：4,300万円×1/2＝2,150万円

各相続人の納税額を45ページの速算表より計算します。

　本人：2,150万円×15％－50万円＝272.5万円

　妹　：2,150万円×15％－50万円＝272.5万円

　納税額合計＝272.5万円＋272.5万円＝545万円

対策前の試算では、納税額は総額1億5,210万円でしたので、1億4,450万円以上の納税圧縮を実現できました。

相続税額はゼロにはなっていませんが、この程度であれば対策前と比べ負担感はほとんどないに等しいと言えるでしょう。

今後について

今回、建築および購入いただいた物件は、立地と仕様が良く、共に満室で稼働しています。一方で、新たに不動産所得への納税負担が大きいと感じているということから、別途、減価償却狙いの物件のオーダーをいただいているところです。これにより家賃収入からの所得に対する納税も繰り延べでき、節税が可能になります。

相続税対策も完了し、お父様も先祖代々引き継いできた土地を売却せず後世にバトンタッチできる状態になったということで、とても喜んでいるそうです。

ナイトウ様ご一族のように、都市部に土地を多数所有する土地オーナーの場合は、建築のみの対策では圧縮効果が限定的になります。その場合は、今回のように別途収益不動産を購入したり、現金がある方は本書コラムで紹介したような不動産小口化商品を購入したりすることで、相続税評価の圧縮が図れます。したがって、建築のみではなく、収益不動産の戦略的活用方法、税務知識など、高度なノウハウおよび幅広いサービスが提供できるパートナーを選ぶことが土地活用・相続税対策成功の秘訣だと言えます。

相続税評価額の過度な圧縮は、税務リスクも大きくなる

　収益不動産を活用した相続税対策について、ケーススタディを交えながらお伝えしてきました。ただ、過度な圧縮策は税務当局から否認されるケースがあるので注意が必要です。実際の事例を1つ見ていきましょう。

　代表的な判例として、東京地裁平成29年（行ウ）第539があげられます。財産10億円を所有していた被相続人が、亡くなる3年5ヵ月前、2年6ヵ月前に首都圏の賃貸住宅をそれぞれ1棟、計2棟購入。総額10億800万円の借り入れを行い、相続税を0円として申告したところ、国税局から過少申告として受けた、更正処分・追徴加税の通知を不服として相続人が起こした訴訟です。

　本件の大きなポイントは、2棟の賃貸住宅です。評価額を低く見積もれる不動産を融資を受け極端に高い価格で購入し、低い評価額で申告したことにより、相続税を圧縮していました。実際、総額13億8,700万円で購入した2つの物件を計約3億円で申告していたのです。なお、相続人は相続開始の9ヵ月後に購入した不動産を売却しています。

　国税局は、評価通達6項（評価通達の定めにより評価することが著しく不適当な場合に国税庁長官の指示で評価する定め）に基づき、別途不動産鑑定士によ

る鑑定評価額、約12億円が適正として更正処分を行いました。

　裁判の結果、2019年8月27日に東京地方裁判所は国（税務署）の主張を妥当であると判断し、評価通達6項に基づく鑑定評価額を認めました。2020年6月24日には、2審・東京高裁の判決が下り、1審に続き原告側（相続人）の請求を棄却したのです。

　租税負担の実質的な公平を著しく害することが明らかな「特別の事情」がある場合には、評価通達で定める以外の合理的な方法による評価が許されるべきとして、評価通達6項の定めを支持した結果となりました。

　ご紹介したのはやや極端なケースではあったものの、過度な相続税対策は法に抵触し、逆に不利益を大きくする可能性があります。相続対策は時間をかけることが税務リスクを低くするポイントになりますので、直前ではなく前もって計画的に実行するなど、専門家と相談しながら対策を講じていくことが大切です。

おわりに

　最後までお読みいただき、ありがとうございます。

　ぜひ、本書で記した内容・方法を参考にして、相続税対策をしつつ、収益性のある建物を建築・保有し、次の代に土地を引き継いでいってください。そうすれば、子どもたちも土地を守り続けられますし、賃貸経営による収入で豊かな生活を送ることができます。幸せな暮らしができるようになるのです。

　本来、土地オーナーは賃貸経営で失敗しにくいはずです。土地の特徴に合わせた最適な土地活用を実現し、税金を抑えながらも、第二の収益を得ていきましょう。

　「はじめに」でも書いたように、当社が土地活用事業を開始したのは2018年ですが、それから3年近く経った現在、すでに多くの土地オーナーのみなさんをサポートさせていただいてきました。もちろん、本書で記した原理原則やノウハウ、当社の知見を最大限に活用しました。

　その結果、土地を持っているというアドバンテージを存分に発揮させ、一般投資家の上をいく収益性を実現しつつ、相続税対策もしっかり行えており、相談いただいたご本人だけでなく、その家族のみなさんにも大変満足していただいております。

　そうしたなか、2020年に入り、大きな出来事が起こりました。みなさんもご存じのように、新型コロナウイルスという世界規模で大きな影響をもたらした感染症が発生しました。賃貸経営においても、ビルや店舗の物件の場合、影響が出ています。賃借人である

テナントが経営不振により撤退したり、家賃滞納や家賃減額交渉が発生しています。

　一方、住居系の賃貸物件においては、そういったことはほぼ起きていません。住居という人間の生活の基礎部分であるため影響がないという結果となりました。今回のコロナ禍によって、むしろ当社が行ってきた土地活用、ひいては資産運用コンサルティングが、いかに安定しているかを実感しているというのが本音です。当社がサポートさせていただいた土地オーナーのみなさんも同じ感想を持っていらっしゃいます。

　最後にお伝えしたいのは、手段と目的を履き違えないでほしいということです。
　本書で言及した相続税対策も賃貸経営も、どちらもあくまで手段でしかありません。胸に手を当てて、再度考えてみてください。みなさんの目的は何でしょうか。

「安定的な収入を得ながら大切な土地を次世代に引き継いでいきたい」ということではないでしょうか。突き詰めると、「ご一族みなさんに幸せになってほしい」ということかもしれません。

　そうした目的のことを考えれば、何をすべきか自ずと見えてくるはずです。
　本書を通じて、一人でも多くの土地オーナーの方が、土地活用を成功させ、安定収益源を確保し土地を守っていくことを実現できれば、これ以上のことはありません。

大和財託株式会社

代表取締役CEO　藤原正明

【著者略歴】

藤原正明（ふじわら・まさあき）

大和財託株式会社　代表取締役 CEO
HP：https://yamatozaitaku.com/
1980 年生まれ、岩手県出身。
三井不動産レジデンシャル株式会社を経て、ベンチャー企業で実務経験を積む。
2013 年に大和財託株式会社を設立。東京・大阪で収益不動産を活用した資産運用コンサルティング事業を展開。全国の投資家や土地オーナーの悩みを解決し、
絶大な支持を得ている。著書に『はじめての不動産投資　成功の法則』、
『中小企業経営者こそ収益不動産に投資しなさい』など。

やまとの土地活用 HP：https://yamatozaitaku.com/tochikatsu/

監修：あいわ税理士法人

収益性と相続税対策を両立する
土地活用の成功法則

2020 年 8 月11 日　初版発行
2022 年 8 月 8 日　第 4 刷発行

発 行　株式会社クロスメディア・パブリッシング

発 行 者　小早川 幸一郎

〒151-0051　東京都渋谷区千駄ヶ谷 4-20-3 東栄神宮外苑ビル
https：//www.cm-publishing.co.jp

■本の内容に関するお問い合わせ先 …………………… TEL（03）5413-3140 ／ FAX（03）5413-3141

発 売　株式会社インプレス

〒101-0051　東京都千代田区神田神保町一丁目105 番地

■乱丁本・落丁本などのお問い合わせ先 ………… TEL（03）6837-5016 ／ FAX（03）6837-5023
service@impress.co.jp

（受付時間 10：00 〜 12：00、13：00 〜 17：30　土日・祝日を除く）
※古書店で購入されたものについてはお取り替えできません

■書店／販売店のご注文窓口
株式会社インプレス　受注センター ………………… TEL（048）449-8040 ／ FAX（048）449-8041

ブックデザイン　金澤浩二（cmD）
DTP　荒好見（cmD）
校正・校閲　konoha
©Masaaki Fujiwara 2020 Printed in Japan

図版作成　長田周平（cmD）
印刷・製本　株式会社シナノ
ISBN 978-4-295-40436-1 C2034